噶舉三祖師
密勒日巴傳

從復仇到證悟，傳奇一生的偉大瑜伽士

The Life & Spiritual Songs of Milarepa

堪千創古仁波切｜著　　普賢法譯小組｜中譯

願此無上無比之教法，

諸佛勝眾珍貴之寶藏，

傳揚廣弘遍及全世界，

猶如大日天空中照耀。

黃金珠鬘法集

收錄堪千創古仁波切
關於噶舉傳承偉大上師眾
之口授教示。

受到大寶法王噶瑪巴的啓發、
堪千創古仁波切的加持、
尊貴噶瑪雪竹喇嘛的指導，
於是轉載印行。

謹以此系列書籍迴向予
三位上師的長壽與昌榮順遂。

原英文版致謝

我們想要感謝 Gabriele Hollmann 對這份文稿進行謄寫與編輯的大量工作。我們也要感謝 Jean Johnson 審閱這份文稿。當然，我們要感謝 Peter Roberts 仔細地重新翻譯了這份文稿，並且就技術性細節給出建議。第一一六至一一八頁的道歌乃取自秋陽・創巴仁波切所指導的那爛陀翻譯委員會（Nalanda Translation Committee）翻譯的《智慧雨》（*The Rain of Wisdom*），© 一九八〇年秋陽・創巴（Chogyam Trungpa）版權所有。與香巴拉出版社（Shambhala Publication Inc., Boston, www.shambhala.com）商定後重新印行。

目次

前言

「黃金珠鬘系列」包含了吉祥噶舉傳承的修行傳記和教法。「黃金珠鬘」一詞是指開悟上師眾的這個傳承，他們將怙主佛陀的深奧大手印教法無間斷地傳延至今。這些教法之所以深奧，是因爲包含了能令一個人在一生之中就獲得證悟的教示和修行。

在噶舉傳承的宏大加持中，也包括傳承上師眾所示現的種種不同生活方式，他們的生平顯示了，無論我們所處的環境或生活方式是如何，我們都能修持這些教法並終究獲得證悟。例如：帝洛巴是在從事碾芝麻的卑下僕役工作時獲得證悟的；其他如馬爾巴等人，是有家室的商人；馬爾巴的弟子密勒日巴則是苦行者，一生都在與世隔絕的洞穴中修行；而他的弟子之一岡波巴，卻是個出家人。然而，他們全都有一個共同點，那就是：都是藉由大手印的修持而獲致證悟。這在在顯示著，金剛乘法門具有廣大豐富的多樣性和大威力，能夠透過一切境況轉化自心。同此，如果我們以大精進努力修持大手印，我們就能夠即生證果。

因此，閱讀這些噶舉傳承上師的修行傳記，是對於入道者的一大激勵，而且在遇到艱困的情況時，對於持續前進也提供了鼓勵和啓發。特別是，能夠從堪千創古仁波切處獲得這些教學，更具有莫大的加持。他是一位大智大悲的上師，由於他直接證得了大手印，且是這個傳承的持有人，因此所傳授的不只是言詞，還包含了其中的義理。

所以我鼓勵所有學生能閱讀這些修行傳記，並且祈祝它能激勵你實現傳承上師眾的所有心願。願此功德能令偉大上師眾的壽命和教法興盛宏揚，並且住世多劫以利益無量有情眾生。

噶瑪・雪竹・噶通喇嘛

和樂法叢信託（Zhyisil Chokyi Ghatsal Trust）

寫於紐西蘭奧克蘭市

堪千創古仁波切簡介

創古仁波切的轉世源流始於十五世紀，在第七世噶瑪巴確札・嘉措造訪西藏的創古地區時。那時法王噶瑪巴建立了創古寺，並且將謝惹・嘉稱陞座為第一世的創古仁波切，認證他為蓮師二十五位大成就者弟子中，秀伍・巴機・聖紀的再來化身。

堪千創古仁波切是這傳承的第九任轉世，一九三三年出生於西藏的康區。在他四歲的時候，十六世大寶法王嘉華噶瑪巴和八蚌司徒仁波切透過預示其父母的名字和出生地點，認證了他就是創古祖古的轉世。

他進入了創古寺，在七歲至十六歲的期間，學習閱讀、寫字、文法、詩詞、天文，背誦儀軌法本，並且圓滿兩次前行的閉關。十六歲時，在羅卓・若瑟堪布的指導下，開始研習三乘佛法，同時住於閉關之中。

二十三歲時，他從噶瑪巴處領受具足戒。二十七歲，當共產黨入侵時，仁波切離開西藏，前往印度。受到召喚，他來到錫金的隆德，那是噶瑪巴在流亡期間的法座所在地。三十五歲時，於印度孟加拉（Bengal）巴克薩達爾（Buxador）的難民區寺院中，他在一千五百位僧人面前，透過格西考試，獲頒拉然巴格西學位。返回隆德後，他被任命爲隆德寺和其所屬那爛陀高等佛學院的住持。他是噶瑪噶舉四大主要祖古的親教師，這四位分別是：夏瑪仁波切、大司徒仁波切（舊譯：錫度或泰錫度仁波切，今由十七世大寶法王欽定爲司徒或大司徒仁波切）、蔣貢·康楚仁波切、嘉察仁波切。

創古仁波切經常前往歐洲、遠東、美國各地，他同時是〔加拿大〕諾瓦思科省（Nova Scotia）岡波寺（Gampo Abbey）和英國牛津創古會（Thrangu House）的住持。一九八四年，他有數個月的時間在西藏，爲超過一百位僧尼剃度，並且造訪數個寺廟。他還創立了位於〔尼泊爾〕博達納地區的創古·札西·叢林寺和在加德滿都山谷東邊南無布達的一個閉關中心和佛學院，另外在博達納成立一所爲在家兒童和年幼學僧提供一般教育的學校。他也建立了加德滿都的創古度母寺。一九九九年十月，他爲鹿野苑的佛學院開光，這所學院將納入來自不同佛教傳統的學生，同時也開放給西方的弟子們。

創古仁波切是一位公認的大手印禪修大師，曾經傳法超過二十五個國家。他能夠把複雜的教法用西方弟子容易理解的方式傳授，因此而特別聞名。

近年來，由於仁波切佛法知識廣博，而被尊者達賴喇嘛指派為第十七世大寶法王噶瑪巴鄔金・欽列・多傑的總經教師。

序言

兩千五百年前，佛陀教導了一套令人讚歎的教法。在教法中，他主張每一個人都會經歷痛苦，並更進一步教導，爲了克服這個痛苦——感受到世界並非按照我們想要的方式來進行——唯有透過明瞭心性才能做到。於是佛陀用他接下來四十年的生命給予教學，教導如何克服這個痛苦以及如何獲得全然的自由，也就是全然的解脫，或說是覺醒。檢視自心，首先是要理解我們爲何受苦，接著是思惟造成這個痛苦的原因，最後是透過禪修來檢視自心。禪修對於所有佛教傳統來說都是共通的，稱作打坐，或是梵文中稱爲「奢摩他」（止）。

這些教法首先傳遍了印度，接著逐漸傳揚到大多數的亞洲國家。十一世紀，回教徒侵略印度，摧毀了教法起源國大部分的教法。然而，在數世紀之前，已有來自中國和西藏的勇敢朝聖者冒著生命危險來到印度，蒐集這些珍貴的佛陀教法並帶回各自的國家，翻譯成本國的語言。

其中一位就是來自西藏的馬爾巴。馬爾巴帶回了數量龐大的教文，其中不只包括佛陀的教言，也有從十一世紀大成就者們所修持的佛教教法。這些成就者的佛法修行是具有生命力的傳承，從上師傳給弟子，而且只有在上師完全圓滿修行且弟子展示自己已準備好接受教法之後，才會傳給弟子。從多方面而言，都可說這些是最重要的佛法傳授，因爲它們不只是紙上談兵。

馬爾巴獲得了完整的喜金剛、勝樂金剛、金剛瑜伽母等金剛乘修法。此外，他還獲得了那洛六法和大手印傳承。藉由對這些修行的完全掌握，馬爾巴於是能即生獲得證悟。

馬爾巴帶回這些教法，並將它們傳給了密勒日巴。密勒日巴是有史以來最偉大的佛教聖者之一。《密勒日巴傳》講述了他獲致證悟的不可思議故事，這是能夠眞正啓發人心的佛教書籍。這份傳記主要講述密勒日巴的生平故事，而關於密勒日巴修行六瑜伽（六法）和大手印禪修的教法，則是在稱作《密勒日巴十萬歌頌》的第二本書中所講述。

馬爾巴獲得了一種特別的禪修教法，稱作大手印，這是金剛乘佛教的一種特殊禪修。大手印禪修不需要小乘的廣大福德資糧，也不需要大乘對空性非常學術性的分析，而是一種直接觀看自心並見到其眞實自性的修持。

例如：有一天，帝洛巴要那洛巴在地上攤開一塊棉布。那洛巴照做之後，帝洛巴卻燒了那塊布並問那洛巴看見了什麼。那洛巴看見那塊布變成了燒焦捲曲的織物，便回答說他明白了上師的教示如火，能燒去弟子如布般的煩惱。這使得人對細微現實的信念銷毀，於是弟子便無法再以世俗的方式生活。

創古仁波切是藏傳佛教噶舉傳承中最受尊敬的學者之一，咸認其不只具有極爲學術性的背景，而且也具有對禪修佛法的偉大慧觀。從一九八六年起，仁波切每一年都會在尼泊爾自己的寺院中，藉由「南無布達研討會」與西方弟子分享他的智慧和教法。在一九九八年的「南無布達研討會」中，他傳授了關於《密勒日巴十萬歌頌》的一系列十次教學。這些道歌蘊涵著對佛法非常詳細的闡釋，展現出瑜伽士的任運自然了悟。在尼泊爾各寺院中，依然能夠聽到有人唱誦這些密勒日巴道歌，希望在西藏的人也沒有忘記這些道歌。

由於這些修行道歌往往是一位修行者畢生禪修所得的萃煉精華，故有時也需要論釋以闡明其中的細微意涵。因爲《道歌》的數量極多而「南無布達研討會」的時間有限，所以創古仁波切選擇了十首重要道歌來展示重要的佛教教法，並且對其給予詳盡的解釋。

在張澄基（Garma Chang）所翻譯的《密勒日巴十萬歌頌》❶中，讀者會發現譯文和此處所譯的道歌並不全然一致，這就是爲何我們加入了相關部分的道歌翻譯，而不只是單純地請讀者參閱他的書籍。

最後，讀者也許會覺得這些關於鬼、魔、超能力的故事不過是十二世紀的西藏民間傳說。這確實是西方歷史學家的正統觀點。然而，甚至是在今日的遠東地區，仍然有偉大的西藏修行人展現出類似《十萬歌頌》中所描述的這些神妙事蹟。許多喇嘛和在家人，包括西方修行人，都曾經見過這些「神妙事蹟」，所以西方讀者應該謹慎，不要單純地認爲密勒日巴紀事不過是民間傳說。當然，這些故事最重要的層面就是佛法，佛法告訴我們應該如何生活，使我們能夠爲了利益一切眾生而獲得證悟。

克拉克．強森博士

編按：註號○為英譯註；●為中譯註。

❶參見《密勒日巴大師全集》，張澄基譯註，財團法人台北市慧炬出版社，其中收錄有《密勒日巴尊者傳》和《密勒日巴大師歌集》。

密勒日巴的根本上師：馬爾巴大譯師（西元 1012 ～ 1097 年）

1
教文導言

佛教人物傳記的本質

題名為《密勒日巴傳》①的這份教文可以被界定為一部傳記，但是佛教中的傳記和現代歷史學家所撰的傳記卻有著相當大的不同。現代的傳記作家尋求有憑有據的史料，例如某人出生的確切日期和他們進行各種事情的歷史日期；但在佛教中，修行傳記或聖者傳記卻不那麼在意個人的生活細節——密勒日巴是生在這年或那年都無所謂。他生在某月的初六而不是初七，這個哪裡重要呢？相較而言，佛教人物傳記更多是基於個人生活的基本要素：他們的動機或說是發心為何？做何修持？有多麼精進努力？獲得什麼樣的成果？最後，他們能夠如何幫助其他眾生？這類傳記所要啓發的是信心、虔敬心、對修行的精進，而這正是修行之所以極為重要的原因。

有些近代的西藏學者指責，西藏的傳記傳統不具有批判性和鑒別性，辯稱它們只收錄主要人物的善良品德而有意略去一切不好的特質。在這些傳記中，確實細節有限，並未告訴我們密勒日巴吃何種食物或睡在什麼樣的床上。但這些傳記並不只是對某人生平的歷史記述。修行傳記在藏文中稱作「南塔」（namtar），字面意義是「圓滿解脫」。這些傳記敘述的是已經捨棄輪迴，並且經由信心、虔心、精進、智慧而從輪迴受苦中證得圓滿解脫的人。因此，這些傳記描述的是解脫的過程，從爲何這個人起初會選擇修習佛法開始，以及他們是如何遇見自己的上師、受過什麼教示、接著如何修持這些教示，一直到獲得什麼成果。這些傳記的目標是爲了啓發讀者，使讀者心向佛法並精進修持。

修行傳記的特點

修行傳記可說具有九項特點，這些特點可歸納爲三組，每一組都具有應

①參見L. P. Lhalungpa *The Life of Milarepa*，香巴拉出版社（Shambhala Publications），1985。〔中譯註〕桑傑・堅贊著，中譯本有張澄基譯的《密勒日巴尊者傳》和劉立千譯的《米拉日巴傳》。

當避免的兩個過失和應當具備的一個優點。

第一組的三項特點是：缺乏意義、出現錯誤、具有意義。例如，描述密勒日巴有多高是沒有意義的，他身高五呎或四呎，這樣的資訊缺乏意義。第二項特點是出現錯誤，就是與事實不符。例如，若說密勒日巴是一個非常具攻擊性或貪心好色的人，就是與事實不符。在一部「南塔」中，這兩個過失顯然是要避免的；相反地，文章應該要具有意義。例如，文章應該要描述到：密勒日巴對痛苦和無常的體驗使得他轉向佛法、遇見他的上師並正確修持上師的教示，令傳記的讀者們明白自己應該如何依止佛法、修持教示、成就最終成果的證悟。

下一組的三項特點是專談學習、辯論、修行。第一項是專談學習，表示覺得必須要詳盡通曉一切並能解釋所有細節，但其實這並不那麼重要。第二項是專談辯論。專心致力於辯論，代表要駁斥特定主張、回答對自己看法的反對異議等等，這一項也不重要。對於文章而言，重要的是第三項特點：專談修行。一個人不只是要聽聞和思惟教法，或僅僅是對其作辯論，而是要實際獲得對自心的控制，根除過失，增加正面特質（功德），並且成就自他的利益。

最後一組的三項特點是欺騙、傳播暴力、滅除痛苦。第一項是欺騙，意指書寫論著是爲了誤導他人。第二項是傳播暴力，若文章會使得人們對他人的殘暴心增長、而非悲心和利他心增長，便屬於倡導暴力。應該研讀的文章是那種能夠提供方法滅除痛苦，具有此一特點的文章。

因此，一部「南塔」不應具有下列任何一項特點：⑴缺乏意義；⑵出現錯誤；⑶專談學習；⑷專談辯論；⑸欺騙；⑹倡導暴力。不應該撰寫具有這些特點的文章，不應該教導既有的此類著作，也不應該修持相關的教導。

所應該著作、教導、付諸實修的文章，是具有這三項特點的文章：⑴具有意義；⑵專談修行；⑶是滅除痛苦的法門。

密勒日巴之十萬歌頌

《密勒日巴傳》（藏 mila namtar）的著述清晰易懂，如同它的英譯本一般，無需多做額外解釋。然而，另有題名爲《密勒日巴十萬歌頌》（藏 Mila Grubum）的密勒日巴道歌文集，我將從該書的其中十章，選出幾首道歌來講解。

《密勒日巴十萬歌頌》是由藏・紐雍・嘿汝嘎[2]所彙編。他是密勒日巴的化身，也著有《密勒日巴傳》。藏・紐雍是一位成就者，獲得了「紐雍巴」的稱號，意思是「瘋狂的」。他是近代著名的三位「瘋狂成就者」之一：竹・紐雍是「來自不丹的瘋子」；衛・紐雍是「來自衛[3]的瘋子」；藏・紐雍是「來自藏[4]的瘋子」。

密勒日巴的生平故事和道歌啓發人們修持他的教法傳承，這個傳承包括了運用「那洛六法」的方便道和大手印禪修的解脫道[5]。

第九世噶瑪巴在噶瑪噶舉傳授其傳承時，使用三部教文以傳授大手印的了悟。他以較長的《了義海》、中長的《淨除無明黑闇大手印》、簡短的《直指法身》講解大手印。這三部教文提供我們一個禪修的漸進道，從「轉

---

②更多關於藏．紐雍．嘿汝嘎（Tsang Nyön Heruka）的資訊，可參閱《馬爾巴譯師傳》《*The Life of Marpa the Translator*》，波士頓香巴拉出版社（Boston: Shambala），1986，xx-xxiv 頁。

③衛（藏 dbus），這是以拉薩為首府的西藏中部地區。

④這是以江孜為首府的西藏中部地區。

〔中譯註：衛，又稱前藏，大致相當於現今的拉薩市（當雄縣除外）、山南地區和林芝地區西部（林芝、工布江達、米林、朗縣四縣）；藏，又稱後藏，大致相當於現今的日喀則地區（北方小部除外）。〕

⑤金剛乘中有兩種道：解脫道和方便道，修行者一般是同時修持或是輪流修持。解脫道有時被稱作無相禪修，包括大手印在內。以這種方式趨近禪修時，一個人是以心的覺性層面來探討心。方便道包括使用觀想、咒語、壇城、瑜伽的一切密續修行，例如《那洛六法》或《尼古瑪六法》等瑜伽。這些修持是以心的能量層面來探討心。藉由合宜地結合自心受扭曲的業力能量，一個人也能夠引發等同於透過解脫道之無相禪修而獲得的證悟覺性之果。解脫道的優點是較為平穩，而方便道的優點是較為迅速。因此，這兩者對彼此是相輔相成的。若是沒有一位具格密續上師的指導，對這兩道都無法恰當修持，如此進行方便道會很危險。

心四思惟」⑥開始，向上到止觀禪修⑦的各次第，這三部教文解說了引導至究竟覺受的修行方法。

對馬爾巴、密勒日巴、岡波巴的祈願文

首先，我要略微描述「密勒日巴」這個人，這樣我們才會對他產生信心。密勒日巴是一位卓越不凡的上師，因為他有一位不凡的上師——馬爾巴，以及一位不凡的弟子——岡波巴。蔣揚．欽哲．旺波⑧在一篇簡短的祈請文中，簡明扼要地描述了這三位上師，噶瑪噶舉派經常念誦這篇祈請文。在這篇祈請文中，各有一偈是專門獻給其中一位上師，每一偈都描述這位上師所具有的三種特殊功德。首先四句是對馬爾巴的祈請：

大勇毅多次前往印度，
大智慧見萬法眞如性，

大成就現種種神妙蹟，
大譯師馬爾巴我頂禮。

馬爾巴歷經千辛萬苦，三次前往印度。他並不是爲了自己的利益而行，而是爲了能夠見到那洛巴、梅紀巴等偉大上師，從他們那裡獲得教法並付諸實修。馬爾巴不只具有大信心，相信自己能夠獲得這些教法，同時也有信心

---

⑥這四項思惟亦稱作四個通常的基礎，在創古仁波切的《*The Four Foundations of Buddhist Practice*》（Namo Buddha Publications）中有更詳細的解說。〔中譯註：中文版為《轉心四思維》，創古仁波切著，帕滇卓瑪譯，香港創古文化出版。〕

⑦一切禪修都能被分成兩類：奢摩他（止）與毗婆舍那（觀）。毗婆舍那又能被分成經部傳統的觀和大手印傳統的觀。在經部傳統中，有分析式的毗婆舍那和實際安住的禪修。在大手印或續部傳統中，毗婆舍那是基於直接指出心性和事物的自性，而能指出者，則是具有完整資格和經驗的大手印傳承持有者。——札西．南嘉喇嘛

⑧蔣揚．欽哲．旺波（1820～1892）是十九世紀最偉大的上師之一，也是最重要的伏藏師之一。他被認為是吉美．林巴的身化身。他積極參與發展不分宗派的利美運動，這個運動的目標是使修行者獲得對一切傳承教法的完全掌握，接著才能給予每一位弟子適合其個人需要的精確教法。

能把這些教法引介入西藏，教導很多弟子；而且這些弟子都將能實修並完整無誤地體現這些教法，繼而傳授這些教法給他們自己的弟子。他這麼做，全是爲了使他們的傳承能夠茁壯並傳揚後世。

當馬爾巴前往印度、會見他的上師、接受其教法時，並不只是單單學習這些教法，他還實修教法並獲得完全的了悟；經由他的智慧力，馬爾巴見到一切現象的眞如實性（法性），並且即生證得最高成就（證悟）。

馬爾巴不只見到了現象的眞如實性，而且作爲他證得法身的兆相，他能夠對具器弟子展現種種不同的神變，使他們生起信心並追隨佛法。

第二偈是對密勒日巴的祈請：

大力量摧毀汝之敵眾，
大艱難以悅汝之上師，
大精進揚舉實修勝幢，

大士密勒日巴我頂禮。

密勒日巴起初是追隨一位黑法大師，運用他所學的力量摧毀、殺害了對他自己、母親、姊妹極惡劣的叔伯；當然，這造下了很大的惡業。若是密勒日巴沒有懺悔這些行爲並尋求一位眞實上師——馬爾巴，他就會帶著這些惡業到未來的各個生世中。

馬爾巴命令密勒日巴建造了一座又一座的石頭房子，建造後卻一再告訴他要把這些石頭房子拆掉；雖然歷盡千辛萬苦，密勒日巴對馬爾巴的信心卻從未動搖，且完成了馬爾巴的命令。這些承事淨化了他的惡業，使得上師馬爾巴感到歡喜。

密勒日巴從馬爾巴處接受教法之後，知道修持這些教示比一切世俗活動都更爲重要，所以密勒日巴就居住在各個岩洞中，即使這意味著他必須沒有衣食而過活，只能精進修行直到獲得證悟爲止。接著他把自己的佛法教導傳授給很多弟子，最終揚舉了實修的勝利幢。

下一偈是對岡波巴的祈請：

大乘道令承繼產覺醒，
大手印令證量自顯現，
大事業拓展、廣如虛空，
大禪師岡波巴我頂禮。

密勒日巴有很多的弟子，其中主要的是這兩位：被稱爲「如日」的岡波巴，和「如月」的惹瓊巴。岡波巴是一位不凡的弟子，釋迦牟尼佛曾經對他有所授記。⑨岡波巴是一位醫生，在一場他醫治不了的疫疾中喪失家人之後，開始追尋佛法。他首先依止一位噶當派的上師學習，受戒出家，學習並修持大乘教法。後來當他聽見一些乞丐在討論密勒日巴時，對密勒日巴生起了大信心，於是前去尋找密勒日巴，成為了密勒日巴的學生，並從其處領受教法。

岡波巴修持他從密勒日巴那裡得到的大手印指示，證得了大手印證量顯現的究竟成果，於是覺證大手印的不共功德便在他心中生起。

岡波巴成就了大手印的究竟了悟，經由四大弟子傳下了他的教法傳承，此四大弟子為：杜松虔巴（第一位噶瑪巴）、竹清寧波、巴融達瑪旺秋、帕

⑨岡波巴的前世曾是一位偉大的菩薩，在釋迦牟尼佛的時代，他投生為一位僧人。那時怙主釋迦牟尼在《三摩地王經》中曾授記說，岡波巴會再次投生於一個遙遠的地方，成為名叫鄒扎（Tzodzad）的僧人。鄒扎這個名字表示，這位僧人會是一位醫師，所以這個預言可被視為意指岡波巴。岡波巴出生在西藏，成為一位醫師，後來在一座噶當派寺院受戒出家。佛陀的授記在創古仁波切的《三摩地王經》（*The King of Samadhi*）一書中，有更完整的講述。《三摩地王經》是直接討論大手印禪修的少數幾部佛經之一。

——堪千創古仁波切

莫竹巴。後來由他們而形成了噶舉的四大八小傳承。⑩這些關於大手印禪修和其他金剛乘修持的教法能實際傳遍世界各地，乃是因爲岡波巴的廣大事業而使得馬爾巴、密勒日巴、岡波巴的教法得以不斷地延續。

——堪千創古仁波切

⑩從金剛持到岡波巴的傳承被稱作是「共的」噶舉傳承，因為這是所有噶舉傳承的根源。噶舉的四大八小傳承：杜松虔巴創立了岡倉噶瑪噶舉傳統。竹清寧波接收了岡波巴的寺院傳承——達拉寺，並由他的弟子宗珠達巴創立了采巴噶舉。巴融達瑪旺秋來到巴融的北部住下，他在彼處的傳承被名為巴融噶舉。這群人中，教學範圍最為廣博的康巴多傑也前往北方，在普賢林中找到一處名叫帕莫竹的地方，在那裡建起一所寺院，他後來被稱作帕莫竹巴，是因他建寺的所在地而得名。他的傳承被名為帕莫竹噶舉。

岡倉、采巴、巴融、帕莫竹等這些支派被稱作噶舉的四大主要傳統，因為起源於岡波巴的四大弟子。

帕莫竹巴從他所收集的廣博教法中，對眾多不同弟子給予了不同的指示，由此生起了八個不同的傳統，這些是直貢、達隆、雅桑、修賽、馬爾巴、葉巴、綽普和竹巴噶舉派，合在一起稱作八個次要傳承。從這些宗派中出現了眾多的成就者和轉世上師。

主要由於早期上師眾的努力，八個次要傳統中有三個變得尤為顯著，分別是：直貢覺巴吉天頌恭的直貢傳承，達隆塘巴札西佩的達隆傳承，以及竹巴噶舉傳承。竹巴噶舉得名於林千惹巴的弟子倉巴加惹巴所建立的一所南竹寺（中譯註：意為「天龍寺」），從這傳承中出現了非常多的成就者。

2

熱切思念上師的六首道歌

《密勒日巴十萬歌頌》有三部分：密勒日巴授予非人眾生的教法、授予他主要弟子的教法、授予一般弟子的共通教法。

本書的第一篇①是從對非人眾生的教法開始，題名爲《熱切思念上師的六首道歌》。這些道歌清楚教導了對捨棄輪迴的願求、對上師的虔心，以及爲了非人眾生而禪修悲心。

故事是從密勒日巴在邛隴（紅玉髓山谷）的瓊宗（大鵬金翅鳥堡）岩穴中修持大手印禪修時開始。有一天，密勒日巴想要吃點東西，卻發現自己已經沒有食物和水，甚至連柴火也用完了。他覺得自己對禪修有點過於精進，以至於忽略了身體上的安樂，於是他決定花點心思在物質方面上。

有些人相信自己需要像密勒日巴一樣經歷過同樣的苦行，要非常貧窮且極少進食才行，但事實上，在修行道上剝奪這些並非必要。苦行本身並不能帶來佛果，一個人是經由修持佛法和禪定才能成佛。密勒日巴希求禪修勝於一切，於是經歷了苦行，因爲其他一切對他而言都不具有太多的意義。密勒日巴是如此地專注在禪修上，以至於他完全忘卻衣食，最終落得一無所有的地步。

於是，密勒日巴決定離開洞穴去蒐集一些柴火。突然間刮起一陣強風，吹走了他的柴火。當密勒日巴抓著木柴時，風又開始吹落身上所穿的棉袍，這使得密勒日巴陷入兩難——要抓著木柴還是抓住袍子？直到他心想：「我已經禪修這麼多年了，爲的就是要克服我執，但我現在連捨棄對柴火和這塊棉布的執著都做不到！如果風想要帶走我的木柴，那麼就讓它帶走吧！如果風想要我的棉袍，那麼就讓它帶走！」於是他就讓風把他的柴火和衣袍都吹走了。

---

① Garma Chang：*The Hundred Thousand Songs of Milarepa.* Boston: Shambhala Publications, 1962. Pages 1-10. 在張澄基的書中，這篇被題名為「紅崖寶窟的故事」（The Tale of Red Rock Jewel Valley）。

〔中譯註：《密勒日巴大師全集》（歌集上），張澄基譯，第15～26頁，第一篇〈密勒拾柴記〉。〕

由於竭盡全力（修行）且只依靠少量的食物過活，密勒日巴終於精疲力盡，昏厥了過去；當他醒過來時，看見自己的棉袍掛在一棵樹上。他便將它取下，坐在一塊石頭上。他望向東方，看見遠處的一片白雲，這讓他想到：「馬爾巴正居住在卓沃隴（小麥谷）的土地上，就在那片雲朵下。」他還想到自己的多位法友也在那裡，正從馬爾巴處接受教法和灌頂。他想著這些，直到對那個地方、對他的上師、對他的同修們、對上師的教法生起了一陣難以忍受的渴望。帶著悲傷、信心和虔心，不由地唱出一首歌，其中他說：

在東方有一片白雲，在那白雲之下是卓沃隴。在卓沃隴的隱居處，居住著馬爾巴譯師。過去我能夠見到他。如果我現在能夠見到他，我會是多麼的快樂。我沒有足夠的虔心，但我是如此強烈地希望見到我卓越不凡的上師。若能再次見到他，將會令我極度快樂！

第二偈描述馬爾巴的妻子達美瑪，她非常地慈藹，特別是對密勒日巴，所以這偈說：

達美瑪對我展現的慈愛，比我自己的母親還多。如果她在這裡，如果我能見到她，我會是多麼地快樂！她是如此的遙遠，前去見她的路程非常地艱辛，但我仍熱切地想見到她。

接著他唱到：

現在馬爾巴正在卓沃隴，將要給予四種灌頂——瓶灌、祕密灌、智慧灌、文字灌。如果現在我能夠接受如此深奧的灌頂，那會令我多麼快樂！雖然我很貧窮，沒有東西可以作爲灌頂的供養；然而，可以請求並接受四灌頂是如此幸運的事。我渴望它們，而且我熱切地思念我的上師。

當一個人見到卓沃隴隱居處的馬爾巴譯師時，他所傳授的教示，能讓人在一生中、在這個身體裡成佛，這就是深奧的《那洛六法》竅示。能居住在卓沃隴並見到馬爾巴譯師且獲得深奧的《那洛六法》教示，那是何等的幸運！如果我現在能有那份福氣，我將會很快樂。雖然我不具有足夠的精進以禪修這些深奧的教示，但是如果我能獲得它們並對其作禪修，我會很快樂！

有很多幸運的法友，是來自衛和藏的學者和修行者，目前暫住於卓沃隴的隱居處。他們一起領受灌頂和教示；當他們一起修持佛法時，會互相比較彼此的不同覺證，檢驗這些覺證的程度如何；當他們從上師那裡獲得教示時，弟子會比較彼此對它們的理解程度，檢視自己是否眞的清楚明白其義理。因此，他們的覺證會因而增長。如果我能有那份福氣，我會很快樂！

我對我的上師具有信心和虔心，他從未離開我，但我對他強烈的熱切思念卻令人難以承受，我陷入了極端的悲慘和痛苦。所以我向您祈請，請驅除我的憂傷！

當密勒日巴唱完這首歌後，東方的雲朵向他延伸過來，在其最頂端的地方，就是馬爾巴譯師，比任何時候都顯得更爲莊嚴，他騎在一頭白色獅子上。馬爾巴說：「你這是什麼意思？爲什麼這麼大聲地呼喚我？是因爲不能獲得三寶的加持②而抑鬱嗎？是因爲想得太多而無法禪修嗎？你是否攀執歡

②加持是一種過程，一個人藉此將自己所積聚的部分福德引入另一人的相續中。賜予加持的能力，取決於給予者的修行成就程度和接受者的信心。給予者通常是根本上師，據說其加持包含所有皈依處總集的加持。雖然在很大程度上，未來的體驗是由今日的行為所形成，但根本上師的加持卻能對此做出部分調整；也就是說，根本上師的加持能夠創造出有利的環境，使得我們因為過去行為而可能產生的修行素質成熟，給予我們所需的啓發和能量，藉此開始修持。以此方式，除非我們的行為一直極端不善，否則上師的加持就能夠幫助我們，克服衝突的煩惱情緒和其他障礙，因此上師的加持能幫助我們證得我們全都具有的潛藏佛性。

愉和世俗活動？怎麼了？無論是什麼問題，我們都是相融無別的，我一直都與你同在。因此，好好修持佛法、保存教法，並在未來利益其他眾生。」密勒日巴因爲看見馬爾巴而歡喜不已，唱了一首歌說：

我在心中具有憂愁，於是想著我上師的生活：他是如何和他的弟子以及追隨者住在卓沃隴，傳法和授予灌頂。我感到強烈的思念和虔心，因此獲得了上師的悲心和加持，終止了我不如法的思緒。我的大聲哭喊打擾了我的上師，但請原諒我，並請持續以悲心照看我。

我以大精進修行，忍受饑渴、寒冷的艱辛。我將此修行供養給我的上師，以期令他歡喜。我孤身住於山間，作爲令空行歡喜的侍奉。我不顧身體上的艱苦，投身於佛法修持中，作爲對佛陀教法的承事。我將畢生修持，作爲對沒有皈依處、沒有保護者之眾生的佛法禮物。

如果我會死去，那就讓我死去；如果我會生病，那就讓我生病；這對我來說不會造成任何改變。我將修持對惡業和遮障的淨化，並把此視爲比其他的一切都更爲重要。經歷苦行是生起覺受和證量的必要條件。因此，您，馬爾巴譯師，已經藉由給予我完整的灌頂和教示對我展現了極大的恩慈，若是精進，將能夠令我成就佛果。爲了回報這份恩慈，我正修持佛法，故請悲心照看我。

如此祈禱之後，密勒日巴的心中盈滿了喜悅。他重新披上了棉袍，收集起柴火，回到他的岩洞中。

當他回到自己的洞穴時，見到五位稱作「阿咱馬」的奇怪印度瑜伽士在裡面，他們有著小小的黑色身體和大大的眼睛。其中一位還坐在密勒日巴的座位上，教導佛法，另外兩人正聽他講法，另一人在烹煮食物，還有一個在翻閱密勒日巴的教文。此時他們全都停下正在做的事情，一起瞪向密勒日巴，這舉動讓密勒日巴感到有點害怕。接著密勒日巴心想：「我在這個地方已經禪修了這麼多年，卻從來沒有做任何表示感謝的食子供給統治這些土地的神祇，或是給任何的地方神靈③，因此祂們才創造出這個幻相。我必須表達我對待在這個地方的感激。」因此密勒日巴唱了這首歌：

這是一個幽靜的地方，是成就佛果的勝妙處所，據說過去有很多成就者都曾住在這裡。這是一個絕佳的地方，我能在這裡獨居，並進行所有好的修持。這是一個清淨的地方，有清淨的水，鳥兒在此不需小心翼翼，而能離於恐懼的生活著。鳥兒和猴子都很安逸，且無憂無慮、相親相愛。這樣的一個地方對我來說眞好，有助於修行。

我居住在此，禪修願菩提心和行菩提心④，對我而言，可說是完美極了。如今你們前來，我將對你們禪修慈悲，希望你們快樂並且離去。

③神祇或本尊一字經常被較為廣泛地使用，在此是指尚未證悟的眾生。地方神祇是居住在特定地方的眾生，雖然大多數人都見不到，但祂們卻可能相當具有力量，而且若是不受到尊重，可能會造成傷害或障礙。正如要是有人侵犯我們的家園時，我們會心煩和生氣，所以我們也應該顧慮並尊敬別人的家園或領域，即使我們看不見祂們。因此，佛教修行者經常會對地方神祇作供養，以期獲得好的環境。

④在梵文中，菩提（bodhi）的意思是「覺醒的」或「證悟的」，而心（chitta）的意思是「心或意」，所以菩提心意指覺醒心。菩提心的生起是基於利他的心願，願求為一切有情眾生帶來福祉，並在究竟上為他們帶來完全的解脫，離於一切形式的痛苦。所有善心人士都享有利他的凡俗慈悲心願，菩提心與其不同的地方是在於認知個人無法究竟實踐這些心願，除非自己證得了佛果的心意淨化和解脫，這是一切賢善品德（功德）的根源，包括遍知——能夠看見每一個人痛苦的原因以及從痛苦中解脫的因和道。在某一時點，這種理解會生起為令一切有情眾生從痛苦中解脫、並安置所有眾生在安樂之中而希求證得佛果的心願，這就稱作「願菩提心」。之後必須接著要有所謂的「行菩提心」，也就是修習慈、悲、六波羅蜜或六種超越世俗的圓滿（六度）等等，以成就佛果。願菩提心和行菩提心都包含在「相對菩提心」一詞之中；究竟菩提心則是對究竟自性的直觀，這種本覺的境界即是慈悲，任運生起慈悲事業而無預先的概念意想。

——札西·南嘉喇嘛

密勒日巴唱完這首歌之後，五位瑜伽士卻感到非常生氣，從五人變成七人，一群人憤怒地面向他。密勒日巴試圖用忿怒咒對抗他們，但毫無效果；禪修悲心並給予他們教法也毫無幫助。接著密勒日巴思忖：「我是馬爾巴譯師的弟子，他授予我一切現象無非就是心的了悟，因此這些眾生不過是我自心所創造出來的，我不應該害怕他們。」於是密勒日巴唱了一首關於其信心的道歌，並透過比喻來表達⑤。

---

⑤ Garma Chang. *The Hundred Thousand Songs of Milarepa.* “The Song of a Realization”, P 6-7. 亦可參閱《*Rain of Wisdom*》第202～204頁。
〔中譯註〕中譯版可參閱《密勒日巴大師全集》（歌集上），張澄基譯註，第21～22頁。《智慧雨》《*Rain of Wisdom*》是邱陽·創巴仁波切所編譯的一本噶舉傳承道歌集，目前尚無中文版。

如其上師馬爾巴的指示，密勒日巴所建造的九層石塔（參見第29頁）。位在馬爾巴土地的邊緣。一九三〇年代時，這座塔是獨自矗立於此，但從那時起開始此處建立了一座小寺廟，可以看見小寺廟環繞在塔樓的四周。

3
雪之歌

密勒日巴歌集的第三篇是《雪之歌》①，這篇是敘述密勒日巴的禪定修持，特別是拙火方面的修持，以及作爲此項修持成果而生起的煖熱徵兆。

在此必須特別指出，密勒日巴生平故事的重點並不在於我們唯有透過他的修行方式才能成就佛法。這只是帶領一個人通往究竟目標的精進典範，意即我們若能發展如密勒日巴般的精進將會非常好，但即使我們做不到，長期從事佛法修行仍然能夠獲得同樣的成果。

第一篇描述密勒日巴在札瑪．邛隴降伏魔眾。第二篇描述密勒日巴是如何前往拉契雪山❶，並在那裡降伏眾多妖魔之首領。從此，他成爲一位以具有大伏魔力而聞名的上師。②

接著密勒日巴來到靠近拉契雪山的尼雅囊等地住下。他說：「住在村中令人抑鬱，我必須獨自前往獨居之處，在那裡，我才能完成我的修持並實現上師的教示。無論如何，住在村子裡都不是件好事，所以我應該再次前往拉契雪山上居住。」

密勒日巴的弟子們請求說：「偉大尊主，您唯一的考量就是眾生的福祉，因此，請傳法給我們。如果您這個冬天留下來和我們在一起，會有非常大的利益，請您務必留在此處。在拉契山上過冬會非常艱苦，不但大雪遍布且極爲寒冷。」密勒日巴回答說：「我是那洛巴傳承的弟子，所以我不畏懼那些。馬爾巴譯師命令我要避開散亂並獨居修行。」

由於密勒日巴還是決定離去，所以他的部分弟子就請求護送他到山上。密勒日巴只帶了一點糌粑、大米、肉和酥油。他被護送到拉契山上，在敦度．普莫切岩洞（降魔大穴）中住下。他的護衛開始了折返村莊的旅程，但

---

① Garma Chang. *The Hundred Thousand Songs of Milarepa*. Page 23-37.〔中譯註：中譯版可參閱《密勒日巴大師全集》（歌集上），張澄基譯註，第三篇〈雪山之歌〉第42～60頁。〕

❶拉契雪山（Lachi），位於今日尼泊爾境內。

② Garma Chang. *The Hundred Thousand Songs of Milarepa*. Page 11-22.〔中譯註：中譯版可參閱《密勒日巴大師全集》（歌集上），張澄基譯註，第二篇〈善河降魔記〉第27～37頁。〕

是天氣轉趨惡劣，開始下大雪，他們歷盡了艱難才回到村子裡。雪持續下了九日九夜③，使得村莊和密勒日巴居處之間的道路有六個月的時間都無法通行。密勒日巴的弟子都確信他必然已經圓寂，毫無倖存的可能，所以在藏曆四月（約西曆的五月至六月）時，他們向密勒日巴做了葬禮供養。其後，他們決定至少應該前去取回他的遺體，這樣才能向其作供養。因此，其中有些人強行冒著大雪到達拉契山上。

就在他們朝向密勒日巴的岩洞前行時，他們見到一頭雪豹在岩石上，心想：「密勒日巴的屍身已經被那頭雪豹給吃了，我們甚至無法帶回他的遺體。」當他們到達雪豹原本所在的地點時，卻見到人類的腳印。他們感到十分驚異，「這是什麼？是某種神靈嗎？」當他們接近密勒日巴的岩洞時，卻聽見密勒日巴正在唱歌並喊說：「快一點！你們跑去哪兒了？怎麼這麼晚才到。」當他們抵達洞穴時，他們發現密勒日巴已為他們準備好餐點。

於是弟子們問道：「您怎麼知道我們來了？」密勒日巴回答說：「我坐

在那邊那塊大岩石上的時候，看見了你們。」弟子們說，「您是指什麼意思呢？我們只看見一頭雪豹在那岩石上。」密勒日巴接著說：「那是我的一個化身。我已經禪修這麼久了，已能掌控自心和風息④，因此能夠顯現諸多的化現。」

雖然密勒日巴的健康狀況良好，但他並沒有足夠的食物維生，所以他們詢問密勒日巴是如何活下來的，密勒日巴說：「因爲我以禪定修持，所以不需要很多的食物，而且有時候空行母會帶給我一點她們的薈供，因此我只需

③張澄基在《密勒日巴十萬歌頌》中譯作「十八個晝夜」。藏文字面上是作「十八個白天和夜晚」。

④在西藏醫學和禪修中，身體具有衆多的脈（梵 nadi；藏 tsa），這些不具解剖學上的性質，而更像是針灸中的經絡。有數千個脈，但三大主脈是大致沿著脊椎運行的中脈，以及在其兩側的左脈和右脈。氣或風息（prana）是能量，透過脈而流動。如云：「心識騎乘著風息之馬在脈的道上。明點是心的滋養物。」由於二元性思惟，故風息進入左右脈。這個在細微身中的能量分歧相應於錯誤分別主客體的心理活動，並引發受業力所制約的活動。透過瑜伽修行，能夠將風息帶入中脈，因而轉變成智風，接著心就能夠認出其基本自性，證得一切法都是無生的（空的）。

要吃一勺的糌粑來維生。還有，在四月的時候，我有一個淨相，見到你們圍繞著我並供養我大量的食物，之後我就完全不需要吃任何東西了。」弟子說，那正是他們向他做葬禮供養的時候，他們以為他已經死了。密勒日巴說：「這證明了若是人們為了利益亡者而作善行，確實會對亡者有所幫助。」

接著弟子們請求他回到村裡。起初密勒日巴拒絕了，說道：「我的禪修在這裡進行得很好，所以我不準備離開。」但弟子們堅持說：「人們會譴責我們把您留在這裡死去，他們會對我們發怒，所以這一次您必須與我們一起回到村子裡。」最後，密勒日巴同意前往，於是他們一起出發；其中部分人先行前去通知村人：「密勒日巴還活著而且正在前來的路上！」有一大群村民前來歡迎他，並護送他到村裡，當人們詢問密勒日巴的狀況如何時，他以一首歌作答：

我很高興今天我們能夠在此相聚，大家都還活著。這個老頭有很多歌，所以我將唱著回答你們的問題。善加諦聽。

因輪迴而感到憂傷，所以我沒有留在村莊裡，而是去了拉契雪山。彷彿是天地一起謀劃了一場暴風雪，極多的雲朵聚集起來，看不見日月，看不見星辰，有如它們被扔入牢籠裡一般；大雪下了九天九夜，雪花紛落，大如鳥兒，小如芝麻。我在高處，四周的黑暗山巒全都變成了白色。

當這場大雪落下時，所有人的家都變成了牢籠，因爲他們無法離開。被剝奪食物的牲畜，因饑饉而受苦。野生動物也沒有食物，天上的鳥兒也沒有食物。老鼠如同寶藏一般躲藏在地底下，肉食猛獸完全沒有可以捕食的對象。

暴風雪落在我身上，冬風和我的單薄棉袍彼此競賽，好像看誰能令冬天變得對我最爲寒冷。由於我是勇士傳承中的一員，所以我沒有逃跑，最終一切都安好；因此，我相信實修傳承的教法在未來將會廣傳，會有很多成就者，而我密勒日巴將會因為我的佛法成就而聞名。你們這些我的弟子們將會對我有信心，未來會很好，佛陀教法將會宏揚，這就是我的狀況。你們好嗎？

村民們歡喜舞蹈，密勒日巴此時的覺受和證量則更為強烈，他也舞蹈著，在身下的岩石上到處留下了他的足跡和杖印。

當他抵達尼雅囊村時，他的弟子說：「您的健康狀況良好，必然已經在您的禪修中發展出超凡的覺證，請告訴我們這些覺證如何。」密勒日巴唱了一首關於他覺受和證量的道歌作為回答，歌中描述了他的見、修、行和三昧耶：

我的見地是完全如是地悟得心的眞如實性，看見心是無生的、是空的；完全沒有要看見的、所見和能見都滅絕消失。我獲得了如此的勝妙見地。

我的禪修是明性的無間斷相續，有如不停流動的河水。這是對眞實心性的禪修，心的眞如實性從不改變；禪修從不停息，座上和座下都沒有分別，就如同一個人已經失去區別禪修和禪修者的能力。一切都是禪修，因此是具有大精進的禪修。

我的行止是無論我做什麼，心的本明都無變異。現象的因緣相依是空，摧毀一切所做行爲和能做者之間的分別。

我的三昧耶是離於虛僞、謀略、希望、憂懼。所持三昧耶和持守三昧耶者之間的分別終止並消滅。我具有這種勝妙的三昧耶。

對此的成果就是視心如同法身，能夠任運成就自他的利益。對於所獲得的成果和成就者，沒有分別。我具有這樣的勝妙成果。

這是一個老頭的歌，是關於他所經歷的快樂時光。在我閉關期間，我因大雪而與世隔絕；我受到空行母的照顧，我有最好的飲料——融化的雪水。

因爲密勒日巴無恙歸來，弟子們也全部生還，並且齊聚一堂，密勒日巴的弟子釋迦古那對此表達了他的喜悅。他請求密勒日巴給予他們一個關於他六個月閉關的法教，密勒日巴以一首歌做回覆，歌是關於他修行六個月所得的成就兆相：

因世俗活動感到憂傷的我，前往拉契山，在那裡獨自居住於敦度．普克帕的岩穴中修持六個月，在此我體驗到成就的六個兆相。

六個外部對境是：如果有礙，則非虛空。如果可數，則非星辰。如可移動，則非山嶽。如有增減，則非大海。如果能夠經由一座橋而度過，則非大河。如果能被手所抓取，則非彩虹。

六個內在過失是：上望星辰不是見地，這表示見地應該離於概念意想和識別。禪修見地時應該離於昏沉或念頭的掉舉，否則就不是確實有效的禪修。當我們從禪修中起座，有所行爲時，行止應當離於對納取善行和捨棄惡行的分別。具有眞實見、修、行之人，即是瑜伽士；瑜伽士應當一直離於念頭，否則就不是眞正的瑜伽士。瑜伽士必須具有不會在明性和遮障之間搖擺不定的智慧；若是會搖擺不定，就不是眞正的智慧。究竟的果離於痛苦、出生、死亡；若是有生滅，則此果就不是佛果。

將人繫於輪迴而不得解脫的六種束縛是：瞋恨令人墮入地獄道並停留在地獄中，瞋恨是將人繫於地獄道的束縛；慳吝是將人繫於餓鬼道的束縛；愚癡是將人繫於畜牲道的束縛；貪愛是將人繫於人道的束縛；嫉妒是將人繫於阿修羅道的束縛；驕慢是將人繫於天道的束縛。這六種煩惱⑤是將眾生繫於六道輪迴之中而不得解脫的束縛。能引導人從這些束縛、從輪迴中解脫的「道」有六個層面：如果具有大信心，就能夠進入確實有效之道，因此信心即是通往解脫之道。如果以大信心依止一位博學且持戒的上師，就能夠在解脫道上前行。如果在依止上師的同時，持守對上師的三昧耶，這就是解脫道。如果具有信心、依止上師、持守無破損的三昧耶並進而在山間流浪，將能夠眞正成就解脫道。如果在山間漫遊時能夠獨居避免散亂，就能合宜修持佛法，因此這就是通往解脫之道。如果維持獨處並修持，那就是通往解脫之道。

有六種深奧：本具的自然深奧是在無造作狀態中休息的心；這自然狀態並非新創造出來的，而是本初即具存於我們心中。當無有內外分別，一切都布滿了心與慧的時候，這就稱作慧之深奧。當周遍一切之慧在其明性中無動搖且恆常現起時，就稱作智之深奧。當此智周遍一切的時候，這偉大周遍即是現象眞如實性（法性）之深奧。當此現象眞如實性（法性）之廣袤離於損耗變動時，當它總是現前時，就稱作明點（梵文 bindu）之深奧。當此境界離於損耗或變異，並且一直持續的時候，就是覺受之深奧，是禪修的覺受。這些是具信者所持有的六種深奧。

有六種大樂是拙火等方便道的成果：當拙火修持之暖熱在體內熾燃時，有大樂。當在左脈和右脈中移動的業風進入中脈❷並轉變

---

⑤煩惱（klesha）在梵文中的意思是「痛苦、苦惱、折磨」，這被翻譯作 afflictions，對於引發苦惱者，這是最接近的英文字。然而在藏文中，對應煩惱的字是 nyon mong，這概略是指貪、瞋、癡、疑、慢，這些其實是負面情緒或煩擾情緒，所以我們偏好譯作 negative emotions 或是 disturbing emotions，因為 afflictions 暗指某種無能力。例如在《藏文大辭典》（*The Great Tibetan Dictionary*）中定義 nyon mong 為：「引發一個人作出不善行為並令一個人的相續非常不平靜的心理事件」。

❷左脈、右脈、中脈的梵文分別是 lalana、rasana、avadhuti。

成智風時，有大樂。當菩提心之流下降而進入身體上半部時，有大樂。當下半身遍滿明點時，有大樂。當白明點和紅明點相會在身體中央時，有大樂。當身體充滿無垢大樂時，有大樂。這些是瑜伽中的六種究竟大樂。

4

嶺巴洞中的岩魔女森姆

馬爾巴曾經告訴密勒日巴，說他應該在巴霸爾的山上禪修，密勒日巴遂前往該處，並發現嶺巴洞非常宜人，便在那個岩洞中禪修①。一天，他聽見岩縫中傳來一個非常響亮的聲音，密勒日巴起身查看，但發覺那只不過是禪修者的幻覺，於是又坐了下來。接著從岩石中射出一道耀眼的光芒，光芒中有一位紅色男子，騎在一匹麝香鹿上，還有一名女子領著鹿。男子輕打密勒日巴一下，接著消失在一陣微風中。女子則變成一頭紅色母狗，咬住密勒日巴左腳的大拇趾不放。密勒日巴明白這是岩魔女森姆②的顯現，於是對她唱了一首歌：

日蝕之神羅睺羅（曜神），請勿與從天上放射光芒照耀眾生的日、月為敵。

暴風雪，請勿試圖傷害徜徉在雪山上的白色獅子。

布滿聳立尖椿的暗穴，請勿傷害住在叢林裡的母虎，它們是食肉猛獸中的勝者。

鈎子，請勿傷害在瑪旁湖中悠游的金魚。

獵人，請勿傷害在天空中尋找食物卻不殺害任何眾生的禿鷹。

我是密勒日巴，爲了自己和他人的利益而修行。我已捨棄此生的財產、食物、衣飾。我已生起菩提心，正要即生成佛。因此，岩魔女森姆，請勿傷害我。

---

① Garma Chang: *The Hundred Thousand Songs of Milarepa*: "Challenge from a Wise Demoness", Page 38-57.
〔中譯註：中譯版可參閱《密勒日巴大師全集》（歌集上），張澄基譯註，第四篇〈崖魔女的挑釁〉第61～74頁。〕

② 森姆（藏 srin-mo）是西藏多種地方神祇中的一種。在源自梵語的翻譯中，等同於印度的羅剎。岩魔女森姆（Rock-Sinmo）在西藏民間傳說中被描述為藏族的女性始祖，藏族來自她和猴子的結合。這兩位始祖後來被認為是度母和觀音的化身。
〔中譯註〕岩魔女森姆，張澄基老師譯為「崖魔女」或「罩森姆」。

岩魔女森姆仍然不肯放開密勒日巴的腳。她使用雷同的詩意比喻形象，並用體外傳來的聲音唱了一首歌回答密勒日巴，以此作總結：

你說你成就了自他的利益，你說你已經生起了菩提心，會在一生之內就成佛，以成爲六道輪迴中一切眾生的嚮導。

然而，當你專心一意地禪修時，來自你過去生世的強烈習氣卻造成幻相的出現。習氣是因，幻相是緣，果就是你自己的念頭對你化作敵人、現作鬼魔。若非你自己的念頭現作你的敵人，我岩魔女森姆就不可能對你出現。魔和靈的出現是因爲負面習氣，而負面習氣由心而來。

若是你不知曉自心的本性，即使你叫我離去，我也不會離去。

密勒日巴認爲岩魔女森姆吟唱之言非常正確，他用含有八個景象的歌曲回答她：

妳的話語非常眞確，沒有比這更爲眞實的了。我四處流浪，經過許多地方，但卻從未聽過像妳這樣優美的歌曲。即使我詢問眾多學者，也聽不到更高深的義理。從妳口中而出的滔滔言詞，就像是緊緊壓在心臟上以去除心氣的金針③，驅除了迷妄和無明闇昧，使得心蓮綻放，自知自明的火炬熾燃，令智慧覺醒。

當我向上望著天空時，我想到空性，空性即是現象的眞如實性，因此我無需對物質現象感到懼怕。

當我望向日月時，我想到心的基礎明性，因此昏沉和掉舉無法傷害我。

③藏醫認為瘋癲是因為有細微的空氣注入心臟中而造成的。金針是一種藏醫的醫療方式，現在極少使用，類似於漢地的針灸。

當我望向山巔時，我想到禪修的穩定性，因此禪修的減損或變動都無法傷害我。

當我望向河流時，我想到禪修覺受的不間斷連續，即使有一個突然狀況乍現，也不能造成傷害。

當我望向彩虹時，我想到顯空雙運，其中空性無害顯相，顯相不害空性。由於我已經悟得顯空雙運，所以我不懼怕常見與斷見。

當我望向水中月影時，我想到不可執取性，於是所執和能執的各個念頭都不能傷害我。

當我向內觀照自心時，我想到杯中自然明亮的酥油燈，因此無明的昏沉不能傷害我。

因爲我聽從了妳的教示，所以我的禪修和自明智慧變得清明，我離於鬼魔和祟靈的障礙。妳已經給予諸多教法，並且清楚明白心的本性，而妳爲何還成爲魔類？妳變成魔是因爲妳傷害眾生並且無視業力法則，因此妳現在應該思惟業和輪迴的過患，並且棄絕一切惡行。方才我只是假裝害怕鬼魔，我是在戲弄妳，勿以爲那是眞的。

如今岩魔女森姆對密勒日巴具有信心，便不再試圖傷害他。她以一首歌回答他，說：

我很幸運能夠遇見密勒日巴，能夠聽見佛法的教導，這一向都是件好事。我之所以成爲我現在這個樣子，是因爲我曾經傷害過很多人。

密勒日巴決定必須將她縛於誓言之下，故以一首歌曲回答她，其中他說：

妳所說的這些奉承之詞，對妳一點用處都沒有。妳之所以會在這個身體裡，是因爲妳傷害了其他眾生。妳必須捨棄這些惡行，修習善法，並且幫助諸瑜伽士。

妳現在所需要的就是小心注意因果，並且必須承諾護持所有的佛法修行者，特別是要成爲所有瑜伽士的友伴。

岩魔女森姆現在已對密勒日巴具有眞正的信心，於是向他顯現自己的身形，並唱了一首歌，她說：

我曾經造下諸多惡業，我具有強大的染垢、極壞的心腸，而且心胸非常狹窄。我很幸運能夠遇見您，並從您這裡獲取佛法。我後悔曾造作幻相並攻擊您。我發誓再也不傷害其他眾生，並會作爲閉關修持佛法之瑜伽士的友伴。

於是密勒日巴教導她佛法，並特別唱了一首歌，歌裡說道：

有一個惡魔比妳更爲強大，那就是對自我的執著；有一個惡魔比妳更加邪惡，那就是邪心；有一個惡魔比妳更是狂野，那就是念頭。立下誓言要降伏它們，並步入法道。如果妳不違背妳的誓言，妳的一切將會十分順遂。

密勒日巴唱完歌曲時，岩魔女森姆立下誓言並消失無蹤。黎明時，岩魔女森姆以及她的美貌男女眷屬穿戴著美麗珠寶出現在密勒日巴面前，爲他帶來諸多供品。岩魔女森姆說：「我具有靈類之身，這是因爲我在前世對諸眾生造成傷害。我請求您教導我佛法。」並唱了以下這首歌：

我遇見過很多成就者，但您是對我最具有恩慈和加持的人，因此我向您請法。有些人傳授不了義的教法，有些人傳授小乘教法，但這些都無法降伏我內心的煩惱。有些人講了很多話，並給了很多教學，但都不能提供免於痛苦和痛苦境緣的庇護皈依。您是佛陀的化身，因此您已證得眞如法性。請賜予我們來自您心中的深奧教法。

於是，密勒日巴對她唱了一首歌作爲回答，其中包含了二十七個譬喻（每九偈各三個），他說：

我通常不唱誦勝義諦，但因爲有妳的請求我才這麼做，故我將如是而爲。

(1)雷、電、雲從天空中顯現，又融回天空中。

(2)虹、靄、霧從空氣中顯現，又融回空氣中。

(3)蜂蜜、水果、莊稼從土地裡長出，又融回土地中。

(4)森林、花朵、葉子從山坡上長出，又融回山坡中。

(5)河水、泡沫、波浪自海洋中生起，又融回海洋中。

(6)習氣、貪執、執著從基識（阿賴耶識）中生起，又融回基識中。

心具有自無始以來就已覆蓋其上的習氣④，這些習氣造成我們的感知。心也貪執於對所欲事物的感知。最終，會有對顯相的執著，心執持顯相爲實。這些習氣源自基識，並從基識中生起。

第七識是煩惱識，這是對自我的持續性執著，無論我們是否有意識地想到，煩惱識都持續存在。無論這七種識現前與否，心的相續都永不停息。總是有一個不明顯的識在那裡，那就是基識，所有關於顯相的隨眠習氣都由其

④習氣或隨眠（latencies；梵 vasana；藏 bakchak），這些是經由第七識（煩惱識，或稱末那識）進入第八識（基識）的潛伏印跡。這些印跡並非明顯的經驗，而被描述為更像是離開土壤、水、陽光的休眠種子。這些印跡可以是善的、惡的或不善不惡的，取決於它是來自一個善的、惡的或中性的念頭或行為。接著這些印跡受到體驗的啓動，於是協同創造出我們認為世界確實為真的印象。其實有數種不同的習氣：與外在感覺體驗有關的習氣、生起自他二元分別信念的習氣，以及因為我們的行為而起的善惡習氣，這使得我們持續在輪迴中不斷流轉。應該要注意的是，不同佛教宗派對這些習氣的論述也有所不同。

處而生起。因此，隨眠、貪執、執著都是從基識中生起，而當它們消失時，就融回基識⑤之中。密勒日巴接著說：

---

⑤關於八識，前五識被稱作「五門之識」。五門就是五種感官：眼、耳、鼻、舌、身，被稱作「門」是因為它們有如門戶，心藉此得以會見身體外的一切。這五識透過五種感官或五門運作，直接體驗其對境。眼識所實際見到的是形狀和顏色，耳識是實際偵測或體驗到聲音等等。這些是直接的體驗，因此這些識並非概念化的，而且對於所體驗對象的特質不起任何念頭；它們對於所感知或體驗的事物並不作概念性的認知。

對五官所經驗到的進行思惟，概念性認出這些是某物並認為這些是或善或惡，簡而言之，即為作思惟者，乃是第六識：意識。意識不像其他五識，意識並不在某感官的基礎上運作或出現，它全面棲息在身內，進行思惟者即是意識。意識和其他識的基本分別在於：因為五感官識只對其對境作直接體驗，所以只能夠體驗當下。例如，眼識只看得見現在的東西，看不見過去的東西，看不見未來的東西；耳識等也是如此。五識不只無法思惟過去或未來，甚至無法對當下作概念性意想或思惟。

另一方面，第六識卻能夠思惟事物並真正進行這個思惟。第六識思惟過去，包括遙遠的過去和最近的過去。不過雖然它能進行思惟，卻沒有能力如同感官識一樣地直接體驗事物。第六識以五感官識對事物的體驗為基礎，於其上生起概略、抽象的概念，意思是說當五感官識體驗到某物時，這成為第六識思惟的一個對象，而非以真實體驗為形式作思惟，乃是以第六識所創造出的概念性概要或概略化為形式，作為某特定感官識之體驗的副本或複製品。例如，當我看著在我面前桌上的杯子時，我的眼睛直接看見那個杯子，但我的第六識——我的意識並非直接看見杯子。我的意識生起了一種以我眼睛所見為基礎的概略化或抽象概念，由意識認出、思惟、認為那是善或惡，或是認為具有某種形狀等。

相對而言，較容易偵測或觀察到這六識，因為它們的顯現或功能是栩栩如生的；另兩識則較不容易被觀察到。六識運行的開始和停止有其驅動因素，某些條件或境緣會引發它們的開始，而當這些條件不再存在時，它們就暫時性地停止運作。因此，這六識被稱作「非連續不斷的」識，它們並非一直在那裡，它們唯有在生起時才開始運作。另兩識被稱作「連續不斷的」識，它們不但是「常」的，意思是它們總是在運轉，而且相形之下，它們也非常不容易被觀察到。

第七識被稱作「煩惱識」，這指的是最細微或最基本層次的煩惱。特別是，煩惱識是最細微層次的我執，它無有波動起伏地存在著，即使睡眠中也在那兒。有時候你會感覺到有一個自我，並且想著「我」，那並非第七識的運作，而是第六識在思惟。第七識會一直現前，直到你證得菩薩初地為止。雖然第七識不能被直接觀察到，但它是一切粗重我執的基礎，因此也是一切粗重煩惱的基礎。

第八識稱作「阿賴耶識」或「基識」。之所以稱作基識，是因為一切其他種類的識都以它作為生起的基礎。第八識就是那自始便存在之識的基本明性或能知的明光。它是各識能進行體驗的能力，是生起眼識、耳識等識的基礎。它如同第七識一般，一直存在，不斷運作，持續直至證得最終覺醒，即直至證得佛果為止。

隨著八識一起，還被經常提到的是「即時心」（immediate mind）。這即時心不是一個分開的識，而是連接不同識之運作的不淨心。它就是造成六識從有染垢的基識中生起的那個衝動或習慣性力量。它使得意識以某感官的感知為基礎而生起。它是不淨心能被辨認出的功能之一，但本身並非一個分開的識，因此不淨識只有八種，它不被認為是第九種。

——堪千創古仁波切

我們凡俗眾生在撞到一塊堅硬的岩石時，會感到疼痛，這是因為我們的習氣。然而，如同在之後的故事中會見到的，密勒日巴已經掌控並轉化八識及其習氣，所以他能夠把手穿過岩石，因為其實都是空的。這在創古仁波切的《超越自我》（*Transcending Ego*）一書中有更完整的解說。由南無布達出版社（Namo Buddha Publications）發行。

(7)自知、自明、自解脫從心中生起，又融回心中。

禪修心的實性時，心知曉自心，心具有本然的明性，並令自心從煩惱中自然解脫。這三個功德——心之自覺、心之本然明性或明光、心之自然解脫——並非經由禪修而新創造出，而是從心性中生起，接著又融回心性之中。

(8)無生、無滅、超越言詮從現象的眞如實性（法性；梵dharmata）中生起，又融回其中。

首先是無生，最終是無滅，在這兩者之間是超越言詮。這些是法性的特質。

(9)魔的出現、相信有魔、魔的觀念，從瑜伽中生起，又融回瑜伽之中。

魔的出現、信念、概念可以在世俗層次或相對層面上生起，透過瑜伽修行又融回其中。障礙和作祟的靈類不過是心的顯現。如果不明白它們是空的，⑥就會相信它們是魔。如果能夠了悟它們是空，就能從魔中自然解脫。

在輪迴中會出現很多迷妄：外妄、內妄、染垢的迷妄等等，心是這一切妄相的根源。⑦當悟得心性時，一切迷妄都會自然平息。心的眞如實性是自然的本明，是空的，超越來、去。雖然我們感知

⑥這是指事物並無本具自性，即空性。然而，空性與明性（藏 salwa）不可分離，是相融無別的。因此這不是指一個什麼都沒有、空無一物的虛無。

⑦心無法認出自己的本性，這就是無明（藏 ma rigpa）一詞的意義，是心的第一層迷妄、遮障或染垢。這個無明的結果就是在心中生起了「我」和「其他」的假名安立，（「其他」是指被當作心以外的其他東西。這個二元執取是我們自無始以來一直具有的（直到證悟之前），一直都不停止，這就是第二層遮障，是習慣（習性）的遮障。〔中譯註：俱生無明和遍計無明。〕基於這個二元執取，就生起了三種根本煩惱：心意的闇昧（譯師譯作無明、迷妄、癡等種種名稱）、貪、瞋。以這三種煩惱為基礎，生起了佛陀所計算的八萬四千種不同煩惱，這一起構成了第三層遮障，稱作煩惱障（有不同的翻譯：klesha、emotional affliction、conflicting emotions 等等）。我們受到這些的影響，於是造作種種因受遮障而起的行為，這造成了第四層遮障，稱作業障。

——怙主卡盧仁波切

到眾多外在現象，但它們全都是心所顯現的妄相。它們本性爲空，卻依然顯現；雖然顯現，但其本性爲空。這就是空性與顯相的不可分別性。

就連禪修也只不過是一個念頭，甚至無修也只是一個念頭。無論是否禪修，心的本性都不改變。因此，甚至是對禪修與不禪修的信念也是迷妄之因。

現象不具實性，有如虛空，必須瞭解其空性。如果你想要具有正確的見地，就必須見到超越理智的空性。如果你想要持有正確的禪修，就必須不散亂地禪修。如果妳想要具有正確的行止，就必須是不用力且自然的。如果妳想要獲得完整的果，就必須捨棄希望和恐懼。這是我給妳的教導。

密勒日巴對絕對見地或究竟見地的教學到此結束。

南開・諾布法王（Chogyal Namkhai Norbu）示範密勒日巴的瑜伽坐姿。

5
藥磨雪山之歌

我從密勒日巴歌集中選取這篇①是因爲藥磨山非常靠近加德滿都，並且這裡（在舉辦講習會的加德滿都）有人覺得自己與藥磨有著強烈的緣分。馬爾巴曾經告訴過密勒日巴要在哪些地方修行，由藥磨山就是其中的一處。所以密勒日巴來到藥磨，住在辛噶嶺（獅洲）森林內一個稱作「塔普克・森給・宗」（獅堡虎穴）的岩洞中。當他住在那裡的時候，地方神祇沒有對他造成任何障礙，祂們以寂靜形相顯現，並立誓服侍、禮敬密勒日巴。所以密勒日巴的禪修進行得十分順利。

有一天，有五位年輕男女前來見他，請他傳法。他們說：「這是一個如此駭人之處，一個人的修行品質必然會非常不穩定，這是否有發生在您身上？」爲了回答他們的問題，密勒日巴對他們唱了一首道歌，其中他說：

> 在夏天和冬天、秋天和春天，藥磨有草原、花朵、樹木、森林、猴子、鳥兒、蜜蜂。

我在此地禪修空性。有時會有眾多念頭生起，而這有助於我的禪修，非常的好。

我不積聚惡業，因此我的健康良好。我有擾亂自己身體並令我不安適的念頭，然而那對我的禪修覺受有所利益，所以這非常好。

因此我離於染垢，離於生死，這很好。

縱然神祇和靈類懷有惡意並造出幻相，但這只會增長我的證量，這非常好。

我離於疾病，但若是痛苦生起，則痛苦會現作大樂，這非常好。

我擁有不同種類的禪修覺受愉悅，但有時在我跳躍、奔跑或舞蹈之時，我甚至感到更多的大樂。

①Garma Chang. *The Hundred Thousand Songs of Milarepa*. "The Song of a Yogi's Joy", Page 74-87.
〔中譯註：中譯版可參閱《密勒日巴大師全集》（歌集上），張澄基譯註，第七篇〈修行人的快樂〉第91～103頁。〕

五名弟子在聽見密勒日巴的歌曲時，生起極大的信心，於是密勒日巴授予其竅訣。他們進而禪修這些竅訣，並證得賢善功德，這令密勒日巴感到歡喜。於是對他們唱了一首歌，歌曲是關於其所應該具持的行止，其中他說：

修行佛法的人很多，而你們非常有福德能夠禪修此道。你們的修行是為了在一個生世之內、以這個身體就能證得佛果，因此切勿執著此生。為了此生而造作很多善業和惡業，這會令你無法適切地依循法道。

在服侍上師時，你對自己的良好作為不應該感到驕傲，因為這會令你無法成就目標。

在持守三昧耶時，勿與凡俗人士交往，這會帶來令你破失三昧耶的危險。

在學習時，不應該因為自己理解了文字的意義而感到驕傲，因爲這會造成煩惱情緒如火般熾然，毀掉你的善業。

在你和法友一起禪修時，不應該有很多工作要做，因爲它們會引發散亂，成爲佛法的障礙。

在這些一般性的教示之後，密勒日巴給予不共的竅示，指示他的學生們在涉及如《那洛六法》等非常深奧修持的方便道上應該如何行止，指示方式是給予他們口耳相傳的深奧口訣：

在做這些禪修時，你不應該使用從口傳教法中所發展出的力量來降魔或給予加持。若是這麼做，你自己的相續將會妖魔化，並產生許多的障礙，並且會使你淪入世俗的活動之中。

修持佛法的時候，有時會獲得對自心實性的禪修覺證。當這些發生的時候，不要吹噓你自己做得很好，而且不要展現神通力。如果你談論自己所獲得的進步兆相，你就會產生傲慢、嫉妒、瞋心，而兆相將會退失。你需要理解並斷除這一切的過失。

接著密勒日巴的學生們問他應當如何自給自足地修持。密勒日巴唱了一些一般性的教示，告訴他們必須好好修行，必須具有信心和虔心等等。他們確實好好地進行了修持，並且以他們對密勒日巴所具的大信心，供養他一個黃金曼達，請求獲得關於見、修、行精髓的教示。密勒日巴表示，他們的修行勝過黃金的供養，並把金子還給他們。接著他唱了一首歌，其中他說：

見、修、行、果是咒乘的基礎。

咒乘的見地是我們應該如何理解現象的眞如實性。然而，對見地僅有智識上的知識卻不足以得至證悟，因爲我們必須對自己所需理解的內容加以禪修。

單是從事禪修也不足以得致證悟，因爲我們必須知道自己的禪修是否正確。最終，爲了獲得證悟，我們必須在不做禪修的時候，從事清淨的行止。

咒乘的精髓是攝持正確的見地、合宜的禪修、清淨的行止。這每一項都有三個要旨。

佛陀的見地具有兩個層面：經乘的見地和咒乘的見地。在經乘之中，我們主要是依靠邏輯論證來行持對現象眞如實性的理解；然而在咒乘中，我們是藉由對心的直接感知來行持對現象自性的理解。

咒乘的見地有三個層面：

(1)一切顯相和存有全都含攝於心中。一切外在的色、聲、味、香、觸覺都是從自心中生起。心對於樂、苦、煩惱、念頭等一切的感受也都是來自心的本身。

⑵什麼是心？就是明與慧。心不是一個物質的東西。心能思惟和改變，能夠以明光從事各式各樣的念頭。

⑶然而，心本身並不能被識別，因爲心的自性是空性。有些上師首先引介空性給他們的弟子，然後才是明性，而密勒日巴是先引介心的明性，接著才指出這個明性無法被鑑別而引介空性。

以上是咒乘對自心實性見地的三個層面。

禪修的三個層面是：

⑴很多念頭會在禪修時顯現。如果無法識別心性，那麼念頭就成了一個問題：念頭會變得堅實並成爲障礙。然而，在證得心的眞實自性時，雖然會有念頭生起，但念頭卻被解脫爲法身。

⑵當自然悟得念頭即是法身時，心的明慧是離於痛苦的大樂境界，於是

禪修伴隨著大樂的覺受。

⑶這個禪修不是創造出某個新的東西。心在其原本的自然狀態中休息，沒有更迭或造作，於是迷妄被驅除。心必須休息，在心的自性中放鬆。

行止的三個層面是：

⑴在咒乘中，一個人不需要刻意地實行十善行。善行的修持會自然生起於得自禪修的證量中。

⑵類似上述，完全無需刻意控制自己的行爲，就能自然避免十惡行。了悟心性之後，一個人就無需有刻意的行止。

⑶也不需要刻意圖謀對治的行爲，無需透過努力而產生了悟。如果在心的本然狀態中鬆坦休息，對明性和空性的了悟就會自然生起。

最後，果的三個層面是：

⑴依據佛陀的咒乘不共見地，涅槃和佛果並不存在於某個地方，我們不需要前往某處得到它們。它們也不是新創造出來或要被獲取的。

⑵輪迴不像是垃圾，必須被丟棄，沒有任何能被丟棄的東西；輪迴的自性就是涅槃，無論我們悟得與否。

⑶涅槃不是待創造出的某個東西，輪迴也不是待滅除掉的某個東西，因爲我們的心即是佛果。除了我們自己以外，沒有別的佛果；佛果就是我們自己的心性。

當我們能夠滅除一切負面特質並獲得了悟的一切正面功德時，我們自心的不變自性，完全無有改動的，就是佛果。當我們未能悟得心性時，我們就受到染垢力的控制，在輪迴中流轉。當我們悟得心的眞如實性時，就有心即是佛果的勝解。

以此方式，見、修、行、果各有三個層面，共有十二個面向，或是如密勒日巴所說，是釘進去的十二枚釘子。要敲進去的還有一枚釘子——第十三釘，平等應用於見、修、行、果，就是無可捉摸的現象自性。這是超越一切極端、超越所有概念意想的空性。

能敲下這十三釘的是誰？是上師，他引導弟子認出不可捉摸的自性。②如果我們做太多的分析，心就會變得迷惑，釘子就敲不進去。然而，當我們如實理解本具自性時，釘子就能被敲進去。這十三釘是屬於所有佛法修行人的財富。密勒日巴說：「它們已經在我的心中生起。我對它們感到歡喜，並

②對心性的第一個認知是經由上師的介入而引進弟子的覺受中，無論是在教學、法會或導引禪修時，這成為弟子日後修持佛法的基礎。其目的是令弟子能夠熟悉、習慣於用最初被指出的方式來體驗世界。透過道上的修持，弟子的覺受臻至不可言喻的佛果時，就可說他們已經完全悟得心的自性。

——札西．南嘉喇嘛

修持它們。」

接著密勒日巴對他們又唱了另一首歌：

當你修行的時候，必須要精進和具有信心。你必須獨自修行。

藥磨山是一個修行的勝妙處所。

我依循自己的建言修持禪定後，我享有最爲圓滿的安樂。

6
巴達朋的故事

《密勒日巴十萬歌頌》的第十四篇①收錄了密勒日巴答覆巴達朋所提問題的教法。她問了密勒日巴很多問題，密勒日巴給她的回答則非常深奧，這對我們自己的修行將會有所助益。

一年秋天，密勒日巴來到一個名叫給帕·雷松的地方，當地的百姓正在收割莊稼。他去向人們索取食物，有一個名叫巴達朋的年輕女孩對他說道：「到那邊的那個房子去，我會很快過來並給你食物。」

密勒日巴前往那個房子的門前，用他的手杖敲了敲門，可是無人應答。於是，他又再度敲了敲門，這時出來了一位老婦人，她說：「你們這些所謂的瑜伽士四處乞討，若是沒人在家，你們就會進來偷東西，這不正是你剛才想要計劃的!?」

於是密勒日巴對她唱了一首歌，敘述年老的痛苦，以及身處在這些痛苦當中時，應該如何修持佛法與依止上師。當他唱完時，老婦人內心充滿了悔恨，對密勒日巴生起信心。她雙手合十，淚水從眼中流出，向他祈請。

巴達朋在這時刻抵達，認爲瑜伽士必定打了老婦人。「你以爲你在做什麼？竟然打一個老婦人？」她質問密勒日巴。

老婦人說：「他既沒有打我，也沒有欺負我。是我侮辱了他，然後他給了我佛法開示，令我心中生起對佛法的大信心。我哭泣是因爲我極爲懊悔先前對他所說的話。我現在已經非常年老，但妳還年輕，所以妳應該服侍這位上師——密勒日巴，並且向他請法。」

巴達朋說：「兩位都令我很讚歎。如果您是密勒日巴的話，能遇見您讓我感到非常地榮幸。我聽說有些弟子在聽聞您的傳承紀事時，會生起大信心，並且感知獲得轉化。聽說您有非常深奧的教示，這些教示爲何？」

密勒日巴見到此女孩具有能成爲極佳弟子的宿緣，於是對她唱了一首道

① Garma Chang. *The Hundred Thousand Songs of Milarepa*. P. 136–149.〔中譯註：中譯版可參閱《密勒日巴大師全集》（歌集上），張澄基譯註，第十四篇〈女弟子——巴達朋的故事〉第155～170頁。〕

歌，講述其傳承的深奧。通常密勒日巴會敘述自己的傳承是來自依序相續的諸位上師：帝洛巴、那洛巴、馬爾巴，然而在此，他卻敘述自己的傳承是起自佛陀之法，② 因而講述金剛乘教法的根源爲三身。③

密勒日巴唱道：

法身是佛意的周遍智慧，即周遍一切的普賢王如來，不是某位佛，而是代表佛果的悲心與智慧。

法身使得報身生起，報身具有三十二大人相和八十隨形好的莊嚴。

報身是爲了弟子眾而顯現的形相，稱作金剛持，但不應該和法身金剛持相混淆。這尊金剛持並不是某位佛，而是代表了報身的不變相續。

利益眾生的化身是釋迦牟尼佛，祂的示現是爲了引導不淨的眾生。

我是具持不共殊勝傳承的瑜伽士，這傳承之所以不共殊勝，是因爲它源自三身。

---

②大手印傳承談到上師時，有清淨（法身）層面的上師，有遠傳承的上師，有近傳承的上師。遠傳承的上師起自怙主佛陀，由連續不斷的證悟師徒接續傳衍至噶瑪巴。稱作遠傳承是因一直上溯至釋迦牟尼佛。

還有大手印的近傳承。這個傳承始自金剛持佛，祂賜予大手印教法給洛卓．仁欽菩薩（Bodhisattva Lodro Rinchen；寶智），這個教法進而傳至帝洛巴和那洛巴。關於諸位偉大上師直接獲得金剛持佛傳授大手印傳承的情形如下：這些教授是發生在悉達多太子入滅很長一段時間以後，那時，具色身的佛陀——即歷史上的釋迦牟尼佛悉達多太子，當時已不復存在於悉達多太子的肉身形相中。而這些大師們先前已依「遠傳承」獲得佛陀和佛陀弟子的教法並進行實修。他們藉由實修而獲得證量。作為他們證量的一部分，佛陀對他們示現，但不是作為悉達多太子，而是作為金剛持佛顯現。所以，對於佛、佛的報身、佛的化身——在我們的情況就是悉達多太子，金剛持佛則代表總集於一，即恆常顯現之佛，是超越時間的佛。

接著金剛持佛直接傳授給某些大師，但只是作為這些大師既有教法的證量成果，這些教法是他們已經從各自上師處所獲得的，乃源自歷史上的佛陀。以此方式，大手印傳承和很多金剛乘佛教傳承其實是遠傳承和近傳承兼具。——大司徒仁波切

③法身、報身和化身。完全證悟者之佛陀及其顯現，經常以三身的方式讓人了解：法身是證悟本身，是超越一切參照點的智慧，唯有其他證悟者方能感知；報身經常被稱作「受用身」，在淨土顯現，唯有果位較高的菩薩才能見到；化身能由凡夫所見，歷史上的佛陀即為一例，但也可以是幫助凡夫的任何種類衆生或相對現象。

巴達朋說：「這眞是一個勝妙的傳承，但一個人需要一位根本上師，以便直接從他那裡獲取教示。您有什麼樣的根本上師？」密勒日巴原可相當簡單地回答說，他的上師是馬爾巴譯師，但他卻對她唱了一首關於外、內、究竟上師的歌：

外的上師是透過表示符號傳授知識流續的上師，是藉由象徵符號和其他不同方便法門教導竅示的上師。

內的上師是教導智慧流續的上師，內的上師引發對眞如心性的直接認知。

究竟的上師是以增長我們智慧的明性而教授究竟眞理的上師，直至我們證得最終成果爲止。

我是具持這三上師傳承的瑜伽士。

巴達朋接著問說：「一個人需要從一位好的上師那裡接受灌頂。您受過何種灌頂？」密勒日巴本可以回答說：「我受過喜金剛和勝樂金剛的灌頂」，但他卻唱了一首歌，歌中他說：

我已受過外、內、究竟的灌頂。
外的灌頂是置放在頭頂上的瓶，是法器的象徵性使用。
內的灌頂是展示自身即是本尊身，即禪修自身即是本尊身，以獲得加持，並使得身體的脈和明點獲得授權。
究竟的灌頂是能引生直接認出心性的灌頂。
我是已經接受過這三灌頂的瑜伽士。

巴達朋繼續說：「那些是很好的灌頂，但是受過這些灌頂之後，一個人需要教示才能依循法道。您領受過何種教示？」密勒日巴以一首歌作為回答：

我受過外、內、究竟的教示。

外的教示是聽聞、思惟與禪修，以逐漸了解義理。

內的教示是下定決心，對於禪修具有強烈的精進，因爲禪修是獲得最終成果的基礎。

究竟的教示是具有持續現前的證量和覺受，這來自於精進的禪修。

我是具有這三教示的瑜伽士。

巴達朋說：「您已經獲得很好的教示，但是一個人在獲得教示以後，需要前往山裡實修佛法。您做過何種佛法修持？」

密勒日巴唱了關於外、內、究竟行處修持之歌作爲回答。這是「斷法」（施身法）的形式，在這個修持之中，行者斬斷對自我的執著：

外的斷是在有神、魔的怖畏之處流浪。

內的斷是供養自己的身軀作爲神、魔的食物。

究竟的斷是悟得心的眞如實性，並且斬斷細如毛髮的細微無明。

我是持有這三種斷法修持的瑜伽士。

巴達朋又說：「那是很好的斷法修持。當瑜伽士做這個修持時，他們會誦『呸』④以轉化惡緣爲道。這個『呸』的意義爲何？」對此，密勒日巴以一首關於外、內、究竟的「呸」歌來回答：

④在西藏，通常發音為「呸」（pai），但並非總是如此。「呸」的修持在密續持誦中很普遍，是為了斬斷自我，方法是口誦梵文字母「呸」。這被用來斬斷散亂思緒，是在禪修時從昏沉中喚起清明意識的法門。實修時，瑜伽士首先專注於念流、昏沉、幻相等所現起的一切障礙，接著用全力驟然大喊「呸」！這麼做能使得障礙最終被根除。——張澄基

（中譯註）可參見《密勒日巴大師全集》（歌集上）第170頁註解：呸字訣——於習定時偶忽高呼一聲「呸」字，能斷妄念之流，開顯光明。此種修法亦不得已而為之者耳，自己呼「呸」，不如別人呼「呸」來得好，突然、離作意，效果較大也。

外的「呸」是驅除妨礙穩定禪修的念頭，也是對這些念頭的收攝。

內的「呸」是清除昏沉和掉舉，這些昏沉和掉舉會在禪修時影響心的覺性。

究竟的「呸」是在心的眞如實性中休息。

我是具持這三種「呸」的瑜伽士。

巴達朋說：「這個『呸』很好。當您以此方式修持時，有何種心理狀態發生？」密勒日巴唱了關於無造作的基、道、果的心理狀態：

無造作的基是在周遍一切的眞如實性中休息，眞如實性遍佈一切現象。

無造作的道不是一個漸進的歷程，而是直接抵達。⑤

無造作的果是眞如實性，即大手印。
我是具持這三種心理狀態的瑜伽士。

巴達朋接著說：「這眞是妙極了，有如太陽照在我身上。從您的修行中，您獲得了何種信心？」密勒日巴唱出他對見、修、果的信心：

見地中的信心是對空性的了悟。這是無神亦無魔的見地，所以
一個人不會從神祇那裡獲得好處，也不會受到妖魔的任何傷害。

⑤這裡的「直接抵達」是區別大手印和邏輯論證這兩種方式的不同處。如果我們試圖使用邏輯論證來顯露絕對真理的究竟自性，那就不是直接抵達，因為過程是先思慮有什麼在那裡並逐漸對其究竟自性即為絕對真理生起信心。然而在大手印的方式中，有直接的抵達或跳躍。我們躍過的是所有的概念思慮，我們躍入的是對自己心性的直接覺受。所以，並沒有對有、無等等的思慮、分析或標籤。我們只是單純地直接觀看自己的心性，直接體驗，因此是直接對心性作禪修。

——堪千創古仁波切

禪修時的信心是沒有禪修對境，這表示不會有散亂。
成果的信心是不冀望有所成就，這意味著沒有對失敗的恐懼。
我是具持這三信心的瑜伽士。

聽完之後，巴達朋對密勒日巴生起了極大的信心。她向密勒日巴頂禮，請他進到屋裡然後服侍、禮敬，並說：「我一定會修持佛法，所以請置我於您的悲心之下。」接著她向密勒日巴唱了一首歌，敘述她的諸多缺失，歌的大意是：「我將誠摯地修持佛法。請給我一項容易理解又易於修持的修行。」密勒日巴對她感到滿意，就以一首歌作答：

雖然妳眞心想要修持佛法，但是放棄世俗活動還不夠。妳必須
以我爲模範，毫不散亂地修持。

接著，巴達朋在一首歌中講述日常生活的情形：

在白天，有著永無止盡的工作；在夜裡，我迅速地入睡。在早晨和傍晚之間，我是衣食的奴隸。我一直都沒有修持佛法的機會。

於是密勒日巴唱了一首歌，歌曲是關於眞正修持佛法時所必需有的出離心其四種層面：

下一輩子距離此生還很遙遠，妳是否已經爲此旅途準備好衣食？爲將來旅程作準備的方式就是修持布施。

爲了在來世獲得衣食和財富，妳必須在這一輩子就布施這些東西。然而，有一個障礙會妨礙妳慷慨的布施，那就是慳吝。節儉或囤積或許看似對此生有利，因爲看似衣食和其他財產會因此而增長，但就長期而言，卻會對妳造成損害，因爲慳吝會造成下一輩子的貧窮。因此，妳必須認知慳吝是敵人，並且拋之在後。

下一世會比這一世更黑暗，因此，妳必需準備一個火炬以照亮黑暗。這可以藉由禪修心的基本明性而做到。無明是明性的障礙和敵人。無明也許在表面上看似令人愉悅和具有利益，但其實是有害的。妳必須認清無明是敵人，並且拋之在後。

下一世會比這一世更爲恐怖，所以，妳必須找一位能夠保護妳的護衛。這個護衛就是佛法的修行。遊說妳離棄佛法修持的親屬是敵人。他們或許會幫助妳和關愛妳，但在究竟上，他們卻是在傷害妳。因此，妳必須認清這些親屬是障礙，並且拋之在後。

下一世的路比這一世的路更漫長、更荒蕪孤獨，所以妳將需要一匹馬以便前行。那匹馬就是精進。精進的敵人是怠惰。怠惰會欺騙妳，雖然它在究竟上是有害的，但卻會讓妳以爲是有益的。認清怠惰是敵人，並且拋之在後。

密勒日巴唱完這首歌後，巴達朋對密勒日巴生起極大的信心。他告訴她：「妳不需要改名或削髮，⑥一個人能夠保有頭髮並成就佛果。」接著密勒日巴以一首具有四個比喻和五項義理的歌，教導如何修行：

哦，巴達朋，年輕且具有信心的富有女士，聽著：仰望天空，並修持離於邊際和中心點的禪修。仰望日月，並修持離於明暗的禪修。眺望山嶽，並修持離於離去和變動的禪修。俯瞰湖泊，並修持離於波濤的禪修。觀看自心，並修持離於散亂思緒的禪修。

⑥這是指出家受戒時的剃髮。

接著密勒日巴指示如何修身和修心，並遣她去禪修。一段時間之後，當她返回時，唱到自己的覺受和疑惑：

> 哦，傑尊仁波切！哦，無上瑜伽士！我能夠禪修天空，但是當雲朵升起時，我應該如何禪修？我能夠禪修日月，但是當星曜移動時，應該如何禪修？我能夠禪修山嶽，但是當樹木和灌木開花時，應該如何禪修？我能夠禪修湖泊，但是當波濤生起時，應該如何禪修？我能夠禪修自心，但是當散亂念頭產生時，應該如何禪修？

這表示她能夠觀看自心，然而當念頭在心中生起時，卻會造成干擾。密勒日巴對她唱了一首歌，以令有更進一步的理解，並且清除她的疑惑：

> 哦，巴達朋，年輕且具有信心的富有女士，聽著：如果妳能夠

禪修天空，雲朵即是天空的顯相。再次確立此顯相，再一次抉擇妳的自心。

如果妳能夠禪修日月，星辰即是日月的顯相。再一次確立此顯相，再一次抉擇妳的自心。

如果妳能夠禪修山嶽，林木即是山嶽的顯相。再一次確立此顯相，再一次抉擇妳的自心。

如果妳能夠禪修湖泊，波濤即是湖泊的顯相。再一次確立此顯相，再一次抉擇妳的自心。

如果妳能夠禪修自心，散亂念頭即是自心的顯相。再一次確立此顯相，再一次抉擇妳的自心。

這表示：如果你能看見自心，則你就能見到心的潛藏性即爲空性。當你見到此要義之時，你也就見到心中所生起的一切念頭，其本性亦皆是空性。直接對此有所覺受之後，則這些念頭就會在其原本的地方消融，亦即就在當下、就在原處消散而去。念頭並非被驅逐出去或送到別處，它們並沒離開，只是自然融逝，就因爲看見了念頭。

7

在岡底斯山與那若茶瓊相遇

現在有很多西方人去看岡底斯山（Mount Kailash；岡仁波齊峰），這是密勒日巴曾經修行並展現在岩石上留下手印等神通①的地方。因此，我要講授《密勒日巴十萬歌頌》第二十二篇，②其中記述了密勒日巴在那個地方的經歷。

《阿毗達磨》說，在菩提伽耶的北方，越過九重黑山和一座雪山山脈的地方，有著甘達瑪達納山和阿耨婆答多池。③密勒日巴相信，岡底斯山就是甘達瑪達納山，而附近的瑪旁雍措湖即是阿耨婆答多池。另一方面，薩迦班智達則認爲，岡底斯山和瑪旁雍措湖並非甘達瑪達納山與阿耨婆答多池。然而，第八世噶瑪巴米覺多傑和很多其他噶舉派大師都曾主張，此山和湖即是甘達瑪達納與阿耨婆答多。

馬爾巴曾經告訴密勒日巴，如果他能在拉契山和岡底斯山上修持，就會獲得非凡的覺證，並能開展利益弟子的偉大功德。所以，爲了實踐上師的指示，密勒日巴前往岡底斯山。當他到達時，岡底斯山和瑪旁雍措湖的諸地方神祇前來表示歡迎，向他禮拜並做供養。祂們供養山、湖作為密勒日巴和他所有弟子修行的地方。神祇們並承諾，當他們在那裡修行時，會增進有助修行的增上緣以幫助他們。

那若苯瓊（Naro Bönchung）那時正住在此處。他是苯教④的傑出修行

---

①展現神通，例如在岩石上留下印跡等，是從認知到一切現象都是無生，所以其實皆為幻相的三摩地中所生起。從證得此空性的三摩地中，能夠幻妙顯現為利眾生所需要的一切。

——堪千創古仁波切

②Garma Chang. *The Hundred Thousand Songs of Milarepa*. Page 215–233.〔中譯註：中譯版可參閱《密勒日巴大師全集》（歌集上），張澄基譯註，第二十二篇〈笛色雪山降伏外道的故事〉第238～251頁。〕

③甘達瑪達納（Gandhamadana；藏 spos ngad ldan；意譯為「香醉山」）的意思是「芬芳的」，因為印度的傳統故事中敘述到，此山的山坡上有一片芳香的森林。《阿毗達磨》則記載，其為恆河和雅魯藏布江的發源地，並且是如意滿願的蒲桃（jambu，音譯「瞻部」，南瞻部洲之得名來由）樹所在地。

阿耨婆答多（Anavatapta；藏 ma dros pa；意譯為「無熱池」）的意思是「不熱的」，表示這是一片清涼之湖。

④在佛教傳入西藏之前，西藏就已經有苯教或苯波教，並且持續發展至今。

人，因此已經獲得某些神通力。他聽說密勒日巴具有不可思議的神通力，所以他在密勒日巴及其弟子眾抵達瑪旁雍措湖畔時，前來歡迎他們。

雖然他知道密勒日巴是誰，但卻假裝不知道，反而問：「你從何方來？要往何處去？」密勒日巴回答：「我們要去岡底斯山上禪修。」

那若苯瓊接著問說：「你是誰？」密勒日巴回答：「我是密勒日巴。」

那若苯瓊又說：「岡底斯山和瑪旁雍措湖非常出名，但當你真正見到它們的時候，會發現一點也不特別；你也一樣，非常有名，但本人一點也不特別。即使岡底斯山、瑪旁雍措和你真的很神妙，但這個地方是在我苯教的控制下，這是我們的土地，是我們的山，所以要留在這裡的人都必須依止苯教。」

密勒日巴說：「此山和湖都屬於佛教，因為佛陀已有預言它們的存在。特別是，我的上師馬爾巴吩咐我必須在此地禪修，我不只是依從自己的心願而來。你住在這裡很好，但若你繼續在此居住並依止佛教則會更好。若是你不打算修持佛教，那你最好還是到別處去。」

密勒日巴和那若苯瓊如此爭執，並不是因爲宗派主義，而是因爲人們最好還是持守各自的特定傳統，如此才能證得最終的目標。若是混合不同的傳統，則修持不會有進展。

苯教徒說：「如果你眞的有大神通力，我們就應該做個比賽，贏的人就是岡底斯山的大師。現在我要施展一個神通。」於是那若苯瓊叉開雙腿立於湖上，左腳立在湖的這岸，右腳立在湖的對岸。他就這樣站著，唱了一首歌，歌中他說：

岡底斯山非常有名，但當你見到它時，它不過是一個覆蓋著白雪的山峰，沒什麼可驚歎的。

瑪旁雍措湖非常有名，但它不過是一個盈滿河水的凹窪，其他什麼都沒有。

密勒日巴非常有名，但他不過是一個赤身裸體、躺在地上唱歌的老人，沒什麼好驚歎的。

我們苯教具有卓越非凡的高超教法，有苯教之身，以及苯教本尊——祂是忿怒本尊眾之大王，具有九頭十八臂和眾多化身。祂的姊妹是西貝・嘉姆（意爲「有界王母」）。

苯教之法較爲優越。作爲此優越性的徵示，我顯現此神通。

於是密勒日巴也展現一個神通：他的身體沒有變大，瑪旁雍措湖也沒有變小，但他卻用自己的身體覆蓋住整片湖泊。接著，密勒日巴唱了一首歌，其中他說：

> 釋迦牟尼佛端坐在靈鷲山⑤頂的獅座上。佛陀的教法尤爲卓越。祂的身體與智慧無二無別，是法身金剛持。在與法身雙運之禪

定中安住的，是化身帝洛巴，弟子是偉大的班智達那洛巴，而那洛巴的弟子是馬爾巴譯師。

加持從金剛持傳下，經由帝洛巴、那洛巴和馬爾巴傳給了我。我已證得殊勝的證量和覺受。

我是有名的密勒日巴。我依照馬爾巴的敕令而來到岡底斯山禪修，於此處禪修將令我圓滿成就自他的利益。岡底斯山非常有名，白雪覆蓋的山峰是佛陀教法清淨的象徵。瑪旁雍措湖非常有名，盈滿湖水是現象平息成爲平等捨的象徵。

我是有名的密勒日巴。赤身裸體躺著的老人，是捨棄能知、所知概念的象徵。我唱歌，是因爲一切現象全都對我顯現爲書籍、教

⑤靈鷲山（Gridhrakuta；藏 bya rgod phung po'i ri），意思是「禿鷹頂之山」，是摩竭陀國（Maghada）的首都。佛陀經常在此居住，並於此地傳授了《般若波羅蜜多經》。

法。接著我用道歌的形式傳授這些教法，這就是密勒日巴有名的原因。

在我的覺證之中，外在現象和內心不可分別。因此，藉由獲得控制自心的力量，我已經獲得控制外在現象的力量，所以我能夠施展神通。

我不需要像你一樣的神通，那是依靠本尊幫助的神通。由於我的神通更勝於你，所以岡底斯山應該歸屬於我。如果你修持佛陀的正法，對大家都會有利益。否則，因爲你已經被我的神通打敗，你只能離開，去別的地方居住。

接著密勒日巴展現了另一個神通：他把整片瑪旁雍措湖舉起來放在指尖，並且對住在水裡的眾生沒有造成任何損害。

那若苯瓊說：「這一次你的神通比我的略佳，不過，是我先來這裡的，因此我們應該用抽籤來決定。你說如果我拒絕修持佛教，我就必須離開，但我永遠不會捨棄苯教，所以我將展現另一個神通，如果你能展現一個更好的神通，我就會離開這個地方，到別處去居住。」

然後那若苯瓊開始逆時針方向⑥繞行岡底斯山，而密勒日巴則是順時針方向繞行，直到兩人最後碰上了。

那若苯瓊抓著密勒日巴的手說：「你必須逆時針方向繞行。」密勒日巴答說：「不，你必須順時針方向繞行。」他們互相拉扯對方往反方向走，因而在石頭上留下了他們的腳印。由於密勒日巴的力量較爲殊勝，使得那若苯瓊被迫順時針方向轉山。

當他們即將走完一圈時，那若苯瓊說：「現在這一次，我們應該逆時針方向行走。」但是密勒日巴說：「那完全取決於你有多強壯。如果你拉著我

⑥苯教傳統是逆時針方向繞行聖地，而佛教徒一直都是順時針方向經行。

一起走，我也只好跟著走。」所以那若苯瓊回答：「我們可以看看誰能扛起最大的石頭，這樣就能知道我們之中誰最強壯。」

那若苯瓊抬起一塊大石頭，帶到他們先前所在之處，然而密勒日巴帶來一塊更大的石頭，並將石頭放在那若苯瓊的石頭上面。那若．苯瓊說：「你已經打敗我兩次了，但是兩次還不能作定論，我們必須再比試一次。」密勒日巴答說：「我們之間並沒有眞正的比賽。這對我來說，不過如同遊戲罷了。我必然會獲勝，但是爲了讓後代的修行人能見到佛法確實較爲殊勝，所以我會再施展另一個神通。」

那若苯瓊去了岡底斯山的東邊，而密勒日巴則去了西邊。密勒日巴伸腿從山下穿越而過，在那若苯瓊的閉關處留下一個腳印。然後密勒日巴說：「現在你也對我做同樣的事情。」但是那若苯瓊無法做到。

那若苯瓊堅持應該再比一次，因爲單靠幾個神通證明不了什麼。再次地，他們以相反方向繞行直到碰見對方爲止。就在此時開始下起暴雨，於是密勒日巴說：「我們應該為自己建造一個躲雨的地方。」

密勒日巴只不過指指石頭，石頭就過來了。然後密勒日巴叫那若苯瓊做同樣的事情，但那若苯瓊的神通力量卻無法搬來任何石頭。密勒日巴僅僅是凝視石頭，就能將石頭一塊擺在右方，一塊擺在左方，一塊擺在後方，再加一塊擺在上方作為屋頂。接著他又覺得頂部過高，於是爬了上去，用腳把頂石向下壓，並在石頭上留下一個足跡。

當他下來之後，又嫌現在太低，所以就進去裡面用手往上推，而在頂板上留下了一個手印。以此方式，他建造了如今稱作「蘇楚．普克」⑦或「神通窟」的地方，到現在都還能看得見。

在這個神通之後，那若苯瓊認輸了，於是密勒日巴唱了一首很長的歌，

⑦蘇楚．普克（Zutrul Puk；藏 rdzu-'phrul phug）是在這岩石庇護處周圍所建起的一座寺廟。蘇楚．普克位於岡底斯山的東南邊，通常在轉山的最後一段路上。

解釋他如何做到這些神通。他以見地、行止、果的方式作解說：

佛教徒的見地離於邊見，並超越智識。信執事物爲實是念頭和染垢的根源。也有見地認爲事物並不存在，那也是一個妄念。一個人可能會以爲，如果沒有事物存在，則必然就是什麼都沒有，但若事物的存有並非事實，則其不存有也非事實。

現象的眞如實性（法性）超越有無，也超越非有非無。超越這些邊見的見地也超越智識，因爲這個見地並非由辨識某物體性的念頭所獲得，而是藉由禪修的智慧而獲得。這個見地超越凡俗心的範疇，因此是能成就神通的力量來源。

禪修是神通力的來源，這有兩個原因：不散亂和無對境。禪修是嫻熟離於散亂的境界。如果禪修時有一個心意思惟的對境，那就會有所執著，而這個執著將會使得輪迴痛苦的煩惱生起。因此，我安住於無對境的（無相）禪修中，於這禪修中直接看見眞實自性。那麼禪修就是實現神通的力量來源。

行止也能產生神通力。我具有對心中生起諸念不費力迎拒的行止，我鬆坦安住於眞實自性中，這帶來成就圓滿神通力之無作、放鬆、任運的顯現。

果，即「自解脱」，也能帶來力量。證得果時，會引生持續不停的悲、智、力，具有種種離於世俗執著的自解脱功德。

這個果的力量是得自於直接認出自己的眞如實性。這並非新創的產物，亦非透過前往其他某處而生成。無明和迷妄是因爲不能如實悟得眞如實性。直接認出自己的眞如實性，便能使人從邊見和概念造作中解脱，而且這會帶來神通力。

三昧耶（梵 samaya）的清淨，即對三昧耶沒有違犯，也能帶來成就神通的力量。這是因爲實踐了上師對禪修、精進和特定修持的指示，也是因爲三昧耶離於一切雜染。

修行是展現神通的力量來源，因爲一切現象都被用爲生起證量和覺受的助緣。如果有利禪修的順緣產生，就有助於禪修中的精進，而且驕慢也不會存在。當逆緣和障礙產生時，是無法征服修行者或令修行者感到沮喪，反而會成爲禪修的基礎，因此對開展神通施展力的大力禪修而言，困境反而較爲有益。

我，密勒日巴瑜伽士，具有施展神通的力量，這是因爲我的精進、投入和耐力。當遭遇困難時，我並不感到畏懼。我的精進不是只持續一月或一年，而是持續直至證得最終目標爲止。

由於我的神通力，佛陀的教法將會在岡底斯山昌盛；這一切會發生實是因爲諸佛的恩慈。

8

莿地加德滿都王之迎請

在《密勒日巴十萬歌頌》第二十七篇中，①密勒日巴獨自居住在苪地②尼香・古打③之卡提雅山上的岩洞中。當時，他保持靜默不語，安住於持續的禪修續流中。

在那段期間，有些獵人走來，見到密勒日巴一動也不動地瞠目而視，還以爲他是妖魔鬼怪而嚇得逃跑。後來他們又鼓起勇氣折返原地，準備用毒箭射他。他們問密勒日巴說：「你是人，還是魔？」但密勒日巴毫無反應。他們便向密勒日巴射箭，但箭根本無法刺穿密勒日巴的身軀。於是他們決定把密勒日巴扔下懸崖，但卻怎麼也抬不動他的身體。他們在密勒日巴四周堆起柴火，還是傷不了密勒日巴。最後，他們扛著密勒日巴來到了一條寬廣的河流，並將他扔進水裡，可是密勒日巴卻從水裡升起，全身保持乾爽，並且依然維持金剛跏趺坐，不但如此，甚至飄回到他的岩洞中，返回他的禪修座位上。

震驚不已的獵人離開了山上，告訴附近的居民說那裡住著一位不可思議的瑜伽士。居民其中有一位是密勒日巴的弟子奇拉惹巴，他是在當獵人的時候於山上碰見密勒日巴，並且在最近才成爲密勒日巴的弟子，他說：「你們說的一定就是我的西藏上師，他是一位眞正的成就者。在我以前打獵的時候，他甚至教導佛法給我的獵犬和麋鹿，還令牠們坐在一起禪修。」④

---

① Garma Chang. *The Hundred Thousand Songs of Milarepa*. Page 287–295.〔中譯註：中譯版可參閱《密勒日巴大師全集》（歌集上），張澄基譯註，第二十七篇〈尼泊爾王之迎請〉第311～321頁。〕

② 芮（Mön）是當時西藏人使用的一個統稱性地名，指的是從西邊的拉護爾（Lhahul）到東邊達旺（Tawang）之間的地區，居住著非藏族的藏緬族（Tibeto-burman）。芮也被用來指不丹。在本章的標題中，巴克塔普爾（Bhaktapur）和帕坦（Patan）國王被稱作芮王。〔中譯註：拉護爾位於印度西北部喜瑪偕爾邦（Himachal Pradesh）的北部地區，一般拼寫作Lahaul；達旺位於印度東北部的阿魯納恰爾邦（Arunachal Pradesh）。兩地皆鄰近西藏。〕

③ 尼香．古打（Nyishang Gurta；藏 snyi shangs gur rta）。尼香（或作 Nyeshang）是今日稱作瑪囊（Manang）的地區，位於尼泊爾慕斯唐（Mustang）王國的東南方，在卡利甘達基河（Kaligangdaki）的東邊，瑪莉亞迪蔻拉河（Maryadikola）的西邊。

④ Garma Chang. *The Hundred Thousand Songs of Milarepa*. p. 275–286.〔中譯註：中譯版可參閱《密勒日巴大師全集》（歌集上），張澄基譯註，第二十六篇〈獵人與鹿〉第298～310頁。〕

就這樣，密勒日巴的名聲傳遍了整個尼泊爾。帕坦⑤和巴克塔普爾⑥的國王對密勒日巴生起了極大的信心和虔心。國王夢見度母對他說：「你擁有貝拿勒斯❶的棉布和訶子⑦。現在有一位偉大的西藏瑜伽士正居住在卡提雅岩洞中，你若能把這些東西供養給他，對你會有極大的利益。」

於是，國王派遣一個會說藏文的男子去找密勒日巴。當這名男子來到密勒日巴的岩洞時，他見到密勒日巴是如何捨棄物質生活並時刻皆安住於禪定中，對此生起了極大的信心，確信自己找到了密勒日巴。然而，為了以防萬一，他問說：「您的姓名為何？像這樣既沒吃、又沒喝的生活不是很恐怖嗎？您為何放棄一切的財產呢？」

密勒日巴回答說：「我是密勒日巴，是從西藏來的瑜伽士。不持有財產是為了一個偉大的目標。」接著在一首歌中解釋他的意思為何：

我對財富產業毫無欲望，所以我一無所有。我不經歷必須積聚財產的初始痛苦、必須保護並維持財產的中間痛苦，也沒有失去這些財產的最終痛苦。這是一件美妙的事。

我對親友關係毫無欲望。我不會經歷形成內心執著的初始痛苦、爭執紛起的中間痛苦，也沒有與他們分離的最終痛苦。因此，沒有親朋好友是件好事。

我對愉快的交談毫無欲望。我不會經歷尋求交談的初始痛苦、臆測談話是否會持續的中間痛苦，也沒有交談惡化的最終痛苦。因

⑤原文中作耶雍（Yerang），是當時對帕坦（Patan）的名稱。

⑥原文中作可孔（Khakmom），是當時對巴特岡（Bhatgaon）即巴克塔普爾（Bhaktapur）的名稱。

❶貝拿勒斯（Benares），舊譯為「波羅奈」，即瓦拉納西。

⑦訶子：藏文 aru，梵文 arura，即 yellow myrobalan、chebulic myrobalan 或 Terminalia Chebula（拉丁學名）。

〔中譯註：aru 和 arura 均為藏文，梵文應為 Harītaki。訶子亦稱作訶黎勒、訶梨怛雞、訶梨懀雞、隨風子，藥用植物。藥師佛右手所持的帶枝葉植物即為訶子。〕

此，我不喜好愉快的交談。

我對家園毫無欲望，因此沒有固定的居所。我不會經歷思惟「這是我的家園而那不是我的家園」的初始分別痛苦、渴望自己家園的中間痛苦，也不經歷必須守護自己家園的最終痛苦。因此，最好還是沒有固定住處。

密勒日巴唱完這首歌後，這名男子對他生起極大的信心。男子返回國王那裡，詳細稟報了所見所聞。國王說：「你必須回去邀請密勒日巴前來這裡。他如果拒絕，就把我的這批貝拿勒斯棉布和訶子果實供養給他。」

國王的使者回到密勒日巴的住處，對他說：「有一位統治加德滿都和帕坦的法王遣我前來邀請您過去，請您務必前往。」

密勒日巴回答說：「我不進城裡，也不認識住在那裡的任何人，我確定我不認識任何國王。我不喜歡精美的飲食，也不想要擁有任何的財產，我從來沒有聽過佛法修行者會死於饑寒的故事。和國王住在一起的喇嘛會變得迷失方向。我遵從馬爾巴譯師的敕令，雲遊各地修行。你最好還是回到你的國王那裡。」

使者說：「他是一位非常偉大的王，您只是一個平凡的喇嘛，所以他只派遣我一個人徒步前來邀請您。您最好還是跟我一起回去。」密勒日巴答說：「不，並非如此。我不是一個平凡人，我是一位偉大的王，是宇宙君主、轉輪聖王。沒有人可與我相比，沒有人擁有如我一般的力量。」

王使說：「如果您眞的是宇宙君王，您就一定擁有轉輪聖王的七王寶，但它們在哪裡？不，您只是一介凡夫。如果您是富有的王，您就必須向我證明。」於是密勒日巴唱了一首歌作爲答覆，告訴他作爲轉輪聖王七王寶的證悟，有七個面向：

你的國王和大臣們渴求安樂，但對於如同我一樣的王國，此生和所有來世都充滿大樂。

七王寶的第一寶是能迅速且輕易帶王前往各處的「輪寶」。我具有信心之輪寶，帶我從輪迴到涅槃。因為我具持信心和虔心，所以我能夠輕易進入一切賢善事業，因而迅速被帶領至涅槃。

第二王寶是「如意寶」，能自動實現自他兩者的心願。我的第二王寶是智慧，是勝義諦和世俗諦的智慧，能夠帶來佛果的成就。藉由知曉個別眾生的能力和心願，我為他們轉動法輪，⑧實現所有眾生的希求——為下等根器的弟子傳授小乘，為中等根器的弟子傳授緣覺，為上等根器的弟子傳授大乘。

第三王寶是「后寶」，她非常美麗，並以種種珠寶莊嚴。我的第三王寶是賢善行止。持守正確行止的佛法修行人非常莊嚴，因為離於過失的垢染。正行能生起一切善的功德，如同以珠寶作莊嚴。

第四王寶是維持並增長王國財富之「臣寶」。我具有禪修之王寶，藉此得以積聚福德和智慧資糧。

第五王寶是「象寶」，能夠承載帝王財富的重擔。我具有良知，所以若是有人利益我，我知道自己絕對不能忽視他們，而是必須回報他們的恩慈。一切眾生都已對我展現他們的恩慈，所以我必須幫助一切眾生。如果我傳授佛陀的教法給他們，他們最終將會證得佛果，因此我自己挑起這個擔子、這份責任，傳授佛陀教法給所有的眾生。

第六王寶是「馬寶」，是帝王的坐騎，能輕鬆帶王前往他想去的

⑧佛陀的教法有三個重要的階段，稱作「三轉法輪」。「初轉法輪」包括所有傳統共通的教法，如：四聖諦、八正道、無我、無常等，這些教法能夠引致從痛苦中解脫。「二轉法輪」在初轉法輪的基礎上加以擴充，是關於一些現象皆是空性（萬法皆空）和遍及一切的悲心，這些教法的果即是成佛。「三轉法輪」的教法則是關於佛性及其本具功德。對三轉法輪的詳細探討，可參閱創古仁波切的《*The Three Vehicles of Buddhist Practice*》，由南無布達（Namo Buddha Publications）出版。

〔中譯註：中譯版為《三乘佛法心要》，創古仁波切著，帕滇卓瑪譯，香港創古文化出版。〕

一切土地上。我具有精進之王寶，帶我離開我執和煩惱，前往無我。

第七王寶是「將軍寶」，他的軍隊可以消滅帝王的敵人，有人說單是藉此將軍寶的威嚴即可降伏敵軍。我具有由聽聞和思惟而得來的智慧王寶。我具有從聽聞佛陀教言和論釋而得來的智慧，我具有從分析教法直至獲得信解而得來的智慧。這個智慧能擊敗邪見之敵軍。

就算你是國王，你也需要這些利益眾生的無謬功德。

國王的使者說：「您果然眞正在依循佛法，眞是了不起。國王諭令，若是您拒絕前來，就供養您這些東西。」於是他把棉布和訶子獻給了密勒日巴。密勒日巴接受供養物後，誦讀了迴向願文。

一些時日過後，惹瓊巴和密勒日巴一位名叫賢貢惹巴的弟子前來尋找密勒日巴，以便帶他回到西藏。可是他們一直找不到密勒日巴，直到碰見一些獵人告訴他們說：「你們不是眞正的瑜伽士。瑜伽士應該像密勒日巴一樣，兵器無法刺穿他，火不能燒他，丟進水裡也不會沉，扔下懸崖時他會馬上飄回原處。甚至連國王都邀請他到宮廷中去，但卻拒絕前往。眞正的成就者就應該如此。」惹瓊巴和賢貢惹巴送給獵人們一份禮物，並問他們密勒日巴在哪裡？然後就立即前往彼處。

當他們到達時，密勒日巴教導了惹瓊巴和賢貢惹巴實修的重要性，接著就和他們一起返回西藏。

9

進入犛牛角中

《密勒日巴十萬歌頌》第三十八篇①題名為〈進入犛牛角中〉。這個故事之所以重要，是因為它教導弟子必須捨棄驕慢，並對上師展現恭敬心。一開始，這或許看來是一件奇怪的事情，但是禮敬上師是極為重要的。一個人唯有相信上師，才能獲得佛法修行的所有利益和成果。

可能會有人起疑，像我這樣的喇嘛，自己坐在法座上卻教導人們必須對喇嘛有信心和虔心。然而，但這確確實實是獲得佛法利益的方式。

這篇故事告訴我們，密勒日巴的如月弟子（意即繼岡波巴之後最為重要的弟子，岡波巴是密勒日巴如日般的首要弟子）惹瓊巴去了印度。

某日，密勒日巴在禪修中曉得惹瓊巴已經從印度返回，並且正在前來見他的路上。但他也注意到惹瓊巴已受到驕慢的影響。一路上惹瓊巴心裡想著：「我的上師無疑是一位特別的人，但我已經前往印度兩次，也遇見很多特別的上師，並從他們那裡領受了深奧的教示，我已經今非昔比了。過去我必須在修持佛法時經歷諸多艱苦，但現在我是一位特別的上師，我再也無需那麼做了。」

密勒日巴知曉惹瓊巴的心態，於是神變轉移自身至惹瓊巴正穿行而過的大平原中央，朝惹瓊巴走去。惹瓊巴心想：「我現在是傳播佛陀教法並幫助很多眾生的人，這就是我前往印度的原因。如今我的上師前來迎接我，雖然他的加持力量比我大，但是我比他更博學多聞。當我向他頂禮時，我確信他也會對我回禮。」

達瑪多鐵的故事

弟普巴給了惹瓊巴一根手杖，讓他轉交密勒日巴。弟普巴的前世是馬爾巴譯師的兒子達瑪多鐵。

① Garma Chang. *The Hundred Thousand Songs of Milarepa.* Page 421-441.
〔中譯註：中譯版可參閱《密勒日巴大師全集》（歌集上），張澄基譯註，第三十八篇〈牛角的故事〉第463～484頁。〕

達瑪多鐵在相當年輕時就已去世，這事發生在他閉關修行的時候。當時他見到很多人正要前往觀看一場慶典，由於受到魔的影響，達瑪多鐵聽見有人說：「爲何達瑪多鐵這麼重要的人沒有前去慶典？」於是達瑪多鐵對他的父母說：「連老人家們都前往參加慶典，所以我也要去。」

在慶典的時候，魔使得他在騎馬時發生了致命的意外。雖然達瑪多鐵已經接受過奪舍法的教示，可以將自己的心識遷移至另一具屍體中，然而他卻找不到一具可以遷入的人體，於是取而代之地進入一隻鴿子的身體中，飛到了印度的寒林屍林。② 在那裡，他把心識遷入一位年幼婆羅門的屍體中，使這具屍體復活。在那具新的身體中，他被稱作弟普巴，因爲「弟普」的意思就是鴿子。

弟普巴不只擁有身爲達瑪多鐵時所領受的教法，也傳下很多他在印度所獲取的教法。因此，他被稱作「咒乘樹幹」。

惹瓊巴被減短的壽命

惹瓊巴在印度見過達瑪多鐵，並從那裡接受教法。有一天，弟普巴叫他去市場的時候，在那裡遇見了一位瑜伽士，這位瑜伽士說：「真讓人難過呀！像你這麼一位英俊的西藏人，卻只剩下七天的壽命！」

惹瓊巴對於自己即將死去感到非常害怕，告訴了弟普巴那位瑜伽士所說的話。弟普巴說：「別擔心，去見欽卡瑪契卡．悉達惹姬妮。她雖然已經一百一十五歲，但看上去只有十六歲。她會授予你獲得長壽的教法。」

惹瓊巴立刻前去那裡領受教法。修持七日之後，無量壽佛向他顯現並問道：「你想要活多久？」「只要我想活多久，就有多久。」惹瓊巴回答。「你不能那麼做，」無量壽佛說：「你現在是四十四歲，你將能活到八十一

②寒林屍林（Shitavana；藏 sil ba'i tshal），意思是「清涼的小樹林」。據說位於當時摩竭陀國首都王舍城的外面，但也有不同地點的說法，例如說是在菩提伽耶的東南方。〔中譯註〕八大尸陀林之一，尸陀林或稱墳場。

歲。」正如所說，惹瓊巴就是活到這個歲數。

回到我們剛剛所說的故事。惹瓊巴將弟普巴的手杖帶回了西藏，並在他們會面時交給了密勒日巴，然後向密勒日巴頂禮；然而事與願違，密勒日巴並未向惹瓊巴頂禮。

惹瓊巴問說：「當我在印度的這段期間，您都在做些什麼呢？其他的瑜伽士近來可好？」密勒日巴注意到惹瓊巴有些驕慢的兆相，微笑地唱了一首歌，歌中他說：

我很好，因爲我沒有五毒的疾病，那是我先前在無始輪迴以來所一直承受的痛苦。

我捨棄散亂，獨自安居，獨立安住，對任何人都沒有執著。我很好，而且我很快樂，因爲我居住在遠離世俗活動的無人之處。

我很好，而且我很快樂，因爲我遠離對學術、名聲、著述的憂慮，可以隨心所欲地積聚一切福德。

於是，惹瓊巴唱了關於他印度之行的一首歌，作爲對這首歌的答覆，歌中他說：

前往印度的路程漫長且危險，然而我經歷了那些艱苦終究獲得了成功。我見到弟普巴和欽卡瑪契卡．悉達惹姬妮，還有本尊向我顯現，而且我從弟普巴那裡領受了「無身空行母九法」，[3]因此我

③「無身空行母九法」（nine dharmas of the disembodied dakinis）：帝洛巴是首先獲得「無色空行母」教法的第一人。他前往鄔迪亞納之後，直接從無色智慧空行母的一首道歌中獲得這些教法。基本上，這首歌包含九個教示：⑴鬆開意之印結，作為成熟與解脫；⑵觀看意之鏡，作為三昧耶；⑶以劍劈開水，作為事業；⑷曝曬自己於了悟之中，作為三昧耶物；⑸觀看智炬，作為慧觀；⑹轉動脈與風息之網輪；⑺觀看外鏡，作為平等一味；⑻禪修自解脫的大手印；⑼具持大樂教法之寶。〔中譯註：原書中的 disembodied 依張澄基教授的翻譯，譯作「無身空行母」；此處註釋中因英文改用 formless，故依噶瑪巴處譯作「無色空行母」。〕

我非常快樂。

如今我再次見到了我的上師，而且我能將這「無身空行母九法」供養給他，因此我非常快樂。

爲了遣除惹瓊巴的慢心，密勒日巴以一首歌回覆他：

不要如此誇耀。我要唱一首歌給你，如果你認爲有任何益處，就將它記在心中。

無身空行母的這些法是空行母的所有物，你不應該到處宣說自己擁有這些教法。應該對持有這些教法加以保密，並且只傳給具器的弟子；如果你毫不鑑別、一視同仁地傳授這些法，空行母將會對此不悅。不要以爲你的教法極爲特殊，若是如此，你的心就會轉惡。

如果你傳授很多高階教法，就會在禪修時遭遇困難，傲慢地認為「我已經具有如此大的成就」，這驕慢會導致你為了新的上師而拋棄舊的上師。不要讓自己變得如此。

接著密勒日巴帶著弟普巴的手杖和惹瓊巴的教文，並用神通力急馳而去。惹瓊巴為了追上他，很快就感到乏力，於是唱了一首歌以呼喚密勒日巴停下，歌中他說：

> 我有空行母的教法，請閱讀之；我持有悉達惹姬妮的本尊禪修，我將供養給您；我擁有很多獲得保護、健康和迴遮鬼魔的教法，也全數供養給您。請納受這些供養並稍停一下，我已經精疲力盡了。

密勒日巴停下，唱了一首歌，歌中他說：

對於依循法道的人而言，無身空行母的教法既不帶來利益，也不帶來傷害。

弟普巴和我的緣分比和你的還深，我也是悉達惹姬妮的弟子。我曾經多次前往弟普巴的住處參加祂的薈供。

你要告訴我的那些話並不重要，我們現在需要做的是到山上的僻靜處禪修。

惹瓊巴開始對密勒日巴生起了負面的念頭，想說：「如果換做是其他人的上師，當我從印度回來時，就會有一場盛大的歡迎筵席等著我。一個身著棉袍的老人算是什麼歡迎？我要回去印度！現在我的禪修修持應該與感官愉悅的享用結合在一起。」

密勒日巴知曉惹瓊巴的念頭，便指著附近地上的一只犛牛角說：「把那只犛牛角拿來給我。」惹瓊巴心想：「我的上師總是說他不需要任何東西，說他不執著於任何東西，但現在卻想要擁有這只犛牛角。」接著他對密勒日巴大聲說道：「攜帶這樣一個無用的東西有何意義？你既不能吃它，也不能穿戴它。」

密勒日巴回答說：「我對它沒有執著，不過如果我留著它，日後會證明它有時是有用的。」於是他們繼續穿越西藏這片名爲芭媖．巴塘的廣大平原。當他們仍在平原中央時，烏雲開始聚集，最後被困在一場嚴峻的雹暴中。

當冰雹開始打向惹瓊巴時，他沒空觀看密勒日巴在做什麼，僅顧著躲在自己的棉袍下。當冰雹開始減少時，他好奇地想到：「不知我的上師怎麼樣了？」於是向外探視，卻完全見不著密勒日巴的身影。「他究竟到哪裡去了？」惹瓊巴心懷不解，於是四處張望。然後他聽到密勒日巴在唱歌，但歌聲卻是從犛牛角內傳出來的。

惹瓊巴想到：「這是密勒日巴拿著的犛牛角。」，於是試著要拾起牛角，卻因爲過於沉重而移動不了。他朝內望去，只見密勒日巴正坐在裡面唱歌，然而密勒日巴的身體沒有變得比較小，犛牛角也沒有變得比較大。這時，密勒日巴唱了一首歌：

惹瓊巴的見地如同禿鷹，有時候高高在上，有時候低低在下。不要這樣跑動，你的衣袍會濕透的。你應該進來這只犛牛角內，和我在一起，這裡非常好。

惹瓊巴有如日月，有時候清明，有時候受到障蔽。惹瓊巴的行止如風，有時候溫和，有時候猛烈。不要在外面跑來跑去，進來這只犛牛角內，這裡非常好。

我從來沒有去過印度，我只是一個老人，所以我坐在犛牛角末端的狹窄尖部。你去過印度，你是一位大學者，所以你應該坐在犛牛角前端的寬闊開口處。

惹瓊巴心想：「嗯，誰知道呢？說不定裡面眞的有足夠的空間給我。」然而無論如何努力嘗試，卻連手都放不進去。惹瓊巴開始打冷顫，他朝犛牛角裡唱了一首歌，歌中他說：

您說我的見、修、行欠缺穩定性，確實爲眞。但無論我的衣袍是乾是濕，您都是我的根本上師，我向您祈禱。

密勒日巴從犛牛角內走出，向上仰望天空，雲朵便分開了，太陽開始照耀，曬乾了惹瓊巴的衣袍。

在這個地方稍坐片刻後，密勒日巴說：「你不需要在印度學習巫術，我知道如何施展巫術。至於佛法，我沒有前往印度是因爲我已經有了那洛六法。那洛六法是如此深奧，以至於我光是持有它們就感到心滿意足了。不過你去印度並獲得無身空行母法是件非常好的事，因爲未來將會有人需要這些法。」

10
岡波巴的故事

密勒日巴的主要弟子是岡波巴，他被稱作密勒日巴的如日弟子。關於岡波巴如何遇見密勒日巴，並向他學習和在他指導下修行的故事，堪為我們的典範。如果我們能夠用同樣的方式修行，就能夠變得像岡波巴一樣。這個故事是在《密勒日巴十萬歌頌》中的第四十一篇。①

馬爾巴譯師曾經預言，基於密勒日巴所作的一個夢，密勒日巴將會成為「四柱」之一，即維護和傳遞馬爾巴傳承的四大弟子之一。馬爾巴並預言說，密勒日巴會有一位無與倫比的弟子，他將使得馬爾巴的傳承長久興盛，並且利益無數眾生。密勒日巴也從金剛瑜伽母那裡獲得一個授記，說他會有如日、月、星的三位弟子，如日的弟子即是岡波巴。在《三摩地王經》、《大悲白蓮華經》（《悲華經》）②及其他佛經當中，佛陀也曾對岡波巴有所授記。佛在授記中說：「在喜馬拉雅的山區會出現一位醫僧，他將會依止大乘，並利益佛陀的教法與許多眾生。」岡波巴也被稱作達波・拉爾傑，在藏文中的意思是「來自達波的醫生」。

岡波巴將密勒日巴的教法與藏傳佛教八大傳承之一的噶當派教法相結合，所以稱作「達波噶舉」的岡波巴傳承，既包含了對初學者的入門道，也含有大手印和那洛六法的深奧要義。從這個具有博大精深教示的傳承中，產生了很多非凡的成就者。

大約從十五歲開始，岡波巴就已經有過眾多的修持。由於他的父親是一位醫生，所以他也學習了醫術。他娶了一位非常美麗的女子爲妻，但她後來得了重病。雖然他診斷出妻子生理上維持生命的要素都已耗竭，但她仍然緊抓著生命不放，並未離世。岡波巴認爲必定是因爲對某件事物有所執著，才會如此，於是就對她說：「沒有一處是沒有死亡的，放下妳對此生的執著。

---

① Garma Chang. *The Hundred Thousand Songs of Milarepa*. Page 463–498.〔中譯註：中譯版可參閱《密勒日巴大師全集》（歌集下），張澄基譯註，第四十一篇〈岡波巴的故事〉第509～556頁。〕

② 《大悲白蓮華經》（*White Lotus of Compassion Sutra*；梵 Mahakaruna-pundarika sutra；藏 snying-rje pad-ma dkar-po）。

如果妳是對土地執著，我會將它供養給寺廟；如果妳是對財物執著，我會用它們來資助善業。」

他的妻子回答說：「我對土地或財物都沒有執著，因爲輪迴中的事物都不具實質，但我希望你能好好修持佛法。」他答應她的請求。在妻子去世後，依照自己的承諾，爲了依止佛法而離家。

他前往潘波，那是在拉薩東邊的一個地方，有著很多噶當派的大師。他在那裡出家受戒，得到索南．仁欽（意爲「福德寶」）這個法名。他研習諸多經教，例如《莊嚴經論》（*Sutralamkara*）與《般若波羅蜜多》，也研讀《密集金剛》等諸多續典。他從眾多上師那裡獲得了關於無常、菩提心、自他交換法（藏 tong len）等共的噶當派教法，以及很多其他的教示。

他實修這些教示，生起大智慧、悲心、信心和精進，並減少自己的染垢煩惱，成爲出色的僧人。在白晝，他領受教法並作思惟；在夜晚，他禪修並獲得了諸多瑞兆。例如，他的身上沒有蟲子；他能夠四、五日都處於大樂狀態，不需進食也不覺饑餓。

某日，岡波巴在禪修時生起一個淨相：有一位身著棉袍、膚色黝黑③的瑜伽士把手放在他頭上並拍了他一下，其後他的禪修和內觀就有所增長。他把自己的覺受告訴其他僧人，但他們說：「你是一位優秀的僧人，所以觀到瑜伽士必然是王魔④的顯現。你必須去方丈那裡請求護法不動明王⑤的灌頂，藉由祂的加持才能去除你這個修行上的障礙。」岡波巴按照朋友們的建議而行，並且持咒和念誦祈願文，然而這瑜伽士的淨相卻愈趨頻繁。岡波巴心想：「這肯定不是魔所造成的幻相。」

③雖然藏文的字面意義是「藍色」，但這個字或顏色用在動物或人身上時，是指暗灰色或黝黑的膚色。

④王魔（嘉波邪靈）（Gyalpo spirit）是一種特定的西藏靈類，據信特別會為了自己的目的而好於影響宗教修行人。

⑤不動明王（Acala；藏 mi-gyo-ba）是早期噶當派的主要護法神祇。

這時密勒日巴正在札瑪的博拓．奇普岩洞（安樂洞）教導弟子。他的老弟子們說：「您現在年歲已高，若您離開我們前往另一個佛土，那麼我們將會需要一位攝政，他能去除我們的障礙，令我們的修持增上，並且是施主可以供養的對象，這樣他們才能積聚福德資糧。我們需要一位已獲得您傳授全部教法之人，否則我們的傳承就沒有未來可言。」

密勒日巴回答說：「今晚我會檢視我的夢境，明早你們全都來此聚集。」次日早晨，密勒日巴告訴他們：「有一位超凡絕俗的弟子將能照看我的弟子們，並能弘揚佛陀的教法。他是一位噶當派的僧人，來自西部。昨夜我夢見這名弟子帶來一只空的水晶瓶，而我將一個金瓶內的所盛之物全部都灌注於這水晶瓶中，滿至瓶口。這是一個祥瑞之夢，預示佛陀的教法將會在未來增盛。」接著密勒日巴唱了一首歌，含有諸多的詩意景象，但主要涵義如下：

我們修持的是那洛巴和梅紀巴的教法。大家都知道其意非常深奧。若是不對它們做禪修，就不會有深奧的成果；若是對它們做禪修，就能夠獲得完整的深奧成果。

這些深奧的教示是由我的根本上師馬爾巴譯師在印度所獲得的，是密勒日巴修持的教示。未來我會傳授這些教示給堪值之法器。

在此同時，岡波巴在經行之時，遇到三名乞丐，這些乞丐其實是密勒日巴的化身。當岡波巴正在思忖是否要跟他們說話時，他聽見其中一人說：「要是我們有好衣服穿和填飽肚皮的好東西吃，我們就會快樂得不得了。」

另一名乞丐則說：「希望有食物的這個願望並不好。如果能夠讓我實現一個心願，我會想要變得如同瑜伽士之王密勒日巴一樣，他的食物是禪定，衣服是一件棉布單衣和拙火煖熱，他日日夜夜都在大手印境界中禪修。當他想要去別的地方時，只要飛過天空就能前往。我希望我能和他在一起，捨棄對此生的一切顧慮，像他一樣修行。如果那不可能，我希望只要能偶爾見見他，在他的指導下修持佛法就好，那才是你應該立下的心願。」

聽見這些話之後，岡波巴對密勒日巴生起了排山倒海般的信心，直到夜裡都還一直想著密勒日巴。隔天起床後，他向密勒日巴的方位做大禮拜，並對密勒日巴祈禱。接著他邀請那些乞丐到他的房間裡，布施上好的飲食、衣物，並對他們說：「昨天你們在談論一位名叫密勒日巴的人。如果你們能夠帶我去他那裡，我會把所擁有的半數財物都給你們。而且若是你們能夠修持佛法，對你們將會有大利益。」

其中兩名乞者說他們不知道密勒日巴在哪裡，但是較年長的那位說：「我知道他在哪裡，我能帶你去。」岡波巴做了供養並念誦祈願文。當晚入睡時，他夢見自己把一支長號吹得非常響亮，使得眾多人類和動物都聚集在他身旁。接著有一名女子來到他身邊，帶著一面鼓和一碗乳汁。她說：「為人類擊打這面鼓，布施這碗乳汁給動物。」岡波巴感到詫異：「我只有一碗乳汁，如何能夠餵養全部的動物？」女子說：「若您能飲下乳汁，則未來這些所有的動物都會獲得乳汁。」

夢境中的人類是指小乘的追隨者，他們無法專一修行，因此必須經由噶當派的漸進道來修心；而動物則是指他能夠傳授密勒日巴大手印教法的修行者。為此，岡波巴必須先親自修持這些教法，接著才能傳授這些教法給予他人，進而廣大利益眾生。

岡波巴以老乞丐作爲自己的嚮導，出發前去尋找密勒日巴。但走到半路上乞者就病倒了，乞者說：「我再也走不動了。反正我也並不是確切知道密勒日巴人在何處，您就自個兒繼續前行吧！您肯定會找到一個能帶您去見他的人。」岡波巴只好獨自繼續未完的旅程，但就在他快要到達目的地之前，卻因爲缺乏食物而虛弱到無法前進。他只能祈禱：「願我能值遇密勒日巴。若不在此生，願在來世能見到他！」

當天恰巧有一位噶當派僧人經過，於是救濟了岡波巴。僧人問他要前往何處？岡波巴說：「我要去見密勒日巴。」僧人說：「我也是要去見他。」於是他們結伴同行，到達了密勒日巴當時所居住的地區。

岡波巴遇見密勒日巴的一位女施主，她對他說：「你必定是從西藏中部前來見密勒日巴的人。我知道，因爲密勒日巴已經說過你會過來。」岡波巴心想：「如果他知道我正要過來，我必定是個堪值的法器。」他因此而變得有些驕慢，但是在這之後，密勒日巴有兩週都拒見岡波巴，以消除他的我慢——至少教文中是這麼說的。不過由於岡波巴是佛陀在佛經中曾授記的特殊眾生，他不可能會受制於我慢。岡波巴一定是爲了後世弟子顯現——在拜見上師時必須避免這種我慢，所以才如此示現。

當岡波巴終於見到密勒日巴時，他向密勒日巴獻上十六兩黃金的曼達供養，並請求密勒日巴講述他的生平故事。密勒日巴半闔目了片刻，接著從曼達供養的中央掐起一小撮黃金，灑向空中，說：「馬爾巴譯師，我將此供養給您。」在此之前，密勒日巴一直都是用某一只顱器飲酒，他將這只顱器遞給岡波巴，說：「喝！」岡波巴有些猶豫，⑥但密勒日巴說：「別想這麼多，喝！」

岡波巴心想：「這位上師是遍知的，他曉得我內心所想的一切，所以這麼做必定非常吉祥。」於是他把酒喝到一滴不剩，這的確非常吉祥。密勒日巴說：「你能對我有信心並來到此處，這非常好！所以我將告訴你我的生平故事。」然後密勒日巴唱了一首歌：

那洛巴與梅紀巴的教示含攝三世佛陀所教導的一切，而馬爾巴譯師持有這些教法。我單是聽見他的名號就生起信心，並從他那裡獲得了所有的教示。

⑥岡波巴此時是出家僧人，飲酒會破戒。

馬爾巴譯師告訴我：「這是濁世，壽命短暫且不定，有諸多致死的原因，所以不要誤信教法僅只是獲得知識而已，因爲實修才是教法的精髓所在。」由於上師的恩慈，那一直都是我持有的見地。我對死亡的恐懼加以禪修，我在岩洞中精進禪修，我的禪定使我的念頭和錯誤見地轉化爲福德。

貪、瞋、癡三毒顯現，成爲累積惡業的大力因素，然而一旦見到其本質爲空性，就能認出這些毒實爲法身、報身與化身。

那洛巴和梅紀巴的加持、覺受與證量，透過傳承而傳給堪值的弟子，我將把他們的深奧教示傳授給你。要正確地實修，並且爲了眾生的利益而弘揚佛陀的教法。

我不需要你所供養的金子，黃金和我這老人不合。如果你想要恰當地修持佛法，就觀察我的行止和我的修持，並且如我一般修行。

那位和岡波巴一道前來的僧人，是爲了獲得密勒日巴的加持而來。當密勒日巴要他供養出自己所有的一切以獲得加持，僧人卻說他沒有任何東西可作供養，但密勒日巴說：「你身上藏有很多黃金，因此你宣稱自己一無所有的說法眞是妙極了。如果你沒有信心，你就沒有能力獲得加持；如果你沒有信心，你所領受的教示就無法利益你。你內心只想著要去尼泊爾做生意，所以你最好就那麼做，我會祈禱你沒有障礙。」

岡波巴思忖：「這位上師知道人們心裡在想什麼，不可能對他有所欺瞞。我應該要好好控制自心，而且在向他提出要求之前，要審愼考慮。他確實是佛！」

密勒日巴問岡波巴：「你受過任何灌頂嗎？曾被傳授什麼竅訣？做過什麼修持？」岡波巴回答了密勒日巴的問題，並敘述自己禪定時的成功經驗，但密勒日巴只是笑說：「你磨沙子是得不到油的，必須要用芥子。你所獲得的這些灌頂，對於看見你自心的眞如實性並無用處。如果你禪修我的拙火竅示，就能見到你自心的眞如實性。」於是密勒日巴使用辛度拉（朱砂）⑦壇城，給予岡波巴金剛亥母的灌頂。接著他傳授竅訣給岡波巴，而岡波巴也付諸實修。

岡波巴得到善妙的覺證，以及對見、修、行起了諸多的想法。他請密勒日巴作解說，密勒日巴便唱了一首道歌作爲回答，其中講述了以眞如實性爲道之基礎的見、修、行、三昧耶、果：

究竟見地就是觀看你的自心。

密勒日巴這一句話的意思爲何？如果是以一個從來沒有修行過的人看來，可能會認爲是一件很容易做到的事情，但這的確是金剛乘修持的究竟見地。經乘傳統的教導是透過遍尋頭頂到腳趾甲皆無法找到自我的這類分析，來理解空性和無我。透過推論而引生信解，相信自身和一切現象皆非眞實，這是對空性的理解。接著對此信解進行禪修，如此將能引導致究竟的目標。因此，經乘之道被稱作「演繹推論之道」。金剛乘卻不使用這種推論，而是運用對空性、對現象眞實自性的直接感知，故被稱作「直接體驗之道」。

眞如實性無法於外在現象中直接見到，然而，藉由內觀自心並見到心之不可得，便可以見到眞如實性。⑧心是空性的體現，是空性的本質，然而從無始以來，我們從未觀看自心。心的空性並非空無所有，而是一種明性。⑨試圖尋找心以外的空性，是個錯誤。

⑦辛度拉（sindhura），基於一種紅色沉積物的字詞，據信是空行母在聖地的月事之血，或是一種紅色粉末狀的替代物。

⑧在此用了「觀」這個字，但這顯然與視覺無關。使用這個字是和分析或檢視做對照，後者具有分析、認識的成分，這在「觀看」心時是沒有的。所以「觀心」含有直接且非概念性檢視的意思。

⑨明性，譯自藏文的salwa，亦被分別譯作「光輝」（brilliance）、「光明」（luminous clarity）、「明光」（luminosity）。我們絕對不能誤以為這是某種光，像是從燈泡所得來的光，即使這些字眼會令我們如此聯想。其實它指的就是心一直具有的那個連續性覺知、那份明了或知曉。

爲了闡明這點，有一個故事是關於額頭上嵌入珠寶的男子。每當他疲憊時，他頭上的皮膚就會下垂。某日，他極爲疲憊，皮膚下垂至完全覆蓋住珠寶。他摸著自己的額頭時，以爲寶貝丟失了，於是焦急地四處奔波，想要尋回寶物，然而在此過程中卻使他更爲疲憊，於是珍寶就隱藏得更深了。

同樣的，密勒日巴說：「要在我們自心以外的任何地方尋求空性，都像是一個盲眼怪物在尋找黃金一般。」

接著密勒日巴用一句道歌向岡波巴講述禪修：

究竟的修持是不以昏沉和掉舉爲過失。

當然，初學禪修的人需要努力去除禪修時的昏沉和掉舉，但是昏沉和掉舉的自性即是心的自性，而這自性從不改變。如果你視心的這兩個特質爲障礙或過失，你就無法見到心的本性。因此，你不該試圖消滅它們，這麼做就像是密勒日巴所說的：「如白晝點蠟燭一般，毫無意義。」其次，密勒日巴講述行止：

究竟的行是停止取捨。

通常的佛教修持是取善棄惡。但就眞如實性而言，應該是不納取善行，也不捨棄惡行。

心中所生起的一切都具有心之明性與空性的究竟自性，所以我們不應思惟：「這是好的，應該培養」或「這是壞的，應該拒斥。」如果我們試圖做取捨，我們將會如同在蜘蛛網中掙扎的蒼蠅，愈是掙扎，愈是讓自己被綁縛得更緊。

接著密勒日巴講述三昧耶：

究竟的律儀是在究竟見地中安住。

持戒通常是指承諾會持守我們所受的三昧耶和誓戒，而常住於我們自心眞如實性的了悟中，這才是眞正的持守三昧耶。如果我們奮力維持自心以外的另一個三昧耶，必然會招致失敗，正如密勒日巴所說的：「我們無法停止水會往下流的自然傾向。」

接著密勒日巴講述我們修行的成就或成果：

究竟的成就是對自心的完全信解。

究竟的果是眞實心性的顯現。如果一個人尋求的果並非已經存在，那就會像是密勒日巴所言：「朝上跳向天空的青蛙」，不可避免的會落回地面。唯有在心的本身中才找得到果。

佛陀的智慧被說是「驟然之果（頓果）」，即使在經乘傳統中也是如此，因為染垢一旦消除，智慧遂即任運自然現起，無須被創造出來。金剛乘傳統中說，果是自心眞如實性的顯現，這個自性原本即在所有眾生之中，但未被認出。一旦認出心性，即證得究竟之果。

在下一偈中，密勒日巴講述上師：

究竟的上師即是自心。

在相對層次上，一個人有一位根本上師，並依循這位根本上師的教示。在究竟層次上，上師即是一個人自己的心。如果一個人能夠觀看並詢問自己的心，就能領受究竟上師的教示。如果一個人企圖尋求自心以外的上師，則就會如同密勒日巴所言：「試圖離開自己的心」這是不可能的。一切現象都不外乎是一個人的自心，所以再也沒有比眞實心性更為偉大的上師。

聽聞這首歌之後，岡波巴感到生起強大的信心。其後他精進禪修，修持拙火。到了初夜，他的身體充滿煖熱與大樂；在黎明，他短暫入睡，而當他醒來時，身體卻冰冷如石。

經過七日的禪修之後，他得到五佛部的五佛淨相。他認為這很重要，就稟告密勒日巴。密勒日巴說：「如果你按壓自己的眼睛，就會見到有兩個月亮的幻相。同樣的，你體內之氣的特定流動會造成你有所覺受，這既不是好事，也不是壞事。只管繼續做你的禪修就好。」

11
戰勝四魔

我將以這第六十篇①來總結這次對密勒日巴道歌的介紹，這篇是講述戰勝四魔的故事。就藏族的觀點而言，這個非常吉祥。佛陀曾教導有四種魔：天子魔（梵 devaputra-mara）、煩惱魔（梵 klesha-mara）、蘊魔（梵 skandha-mara）、死魔（梵 matyupati-mara）。它們製造障礙，帶來痛苦，妨礙證得解脫。

傳統上，「天子魔」被描繪成一個美貌動人的眾生。這個魔代表對輪迴感官愉悅的貪執，當時看似非常美妙，但從究竟的觀點而言，這些貪執只會引人走入歧途，並製造對解脫和遍知的障礙，因此被稱作「天子魔」。

「煩惱魔」是對自我的貪執，這會帶來癡、瞋、貪的煩惱。它們出現在我們心中，造成惡業的積聚，結果就是未來的痛苦。傳統上，這個魔被描繪成一個年老力衰的婆羅門，他活不了很長的時間。因爲這是幻相，不具任何堅實的基礎，因此容易滅除。一旦悟得實相，幻相立即停止存在。

下一個是「五蘊之魔」。只要有蘊（色、受、想、行、識），就有輪迴。只要尚未悟得這些蘊的眞實自性，就有痛苦。傳統上，這個魔被描繪成一個肉體力量強大的眾生，這是因爲諸蘊具有實際的顯現，且其眞實自性比煩惱的眞實自性更難悟得。

「死主之魔」就是死亡本身。在死亡時，我們必須離開自己生命中的一切活動，並且會感到恐懼。只要我們還在輪迴中，死亡就會造成痛苦。傳統上，這個魔被描繪成黑色且令人感到畏懼的樣子，因爲它帶來無常和恐懼。

滅除這四魔的方法，就是修持佛法並證得現象的眞如實性。

在這篇中，密勒日巴唱誦他自己戰勝了諸魔，開頭是一首講述需要逃離輪迴的道歌。之後，據說密勒日巴被一陣風吹落懸崖，有人見到他的身體被

---

① Garma Chang. *The Hundred Thousand Songs of Milarepa,* "The Evidence of Accomplishment." Page 658–661.
〔中譯註：中譯版可參閱《密勒日巴大師全集》（歌集下），張澄基譯註，第六十篇〈成就之徵兆〉第720～724頁。〕

刺穿在一棵樹上。他的弟子們痛心疾首，直到密勒日巴向他們展示自己的身體並無受到傷害，連一點傷口都沒有。接著對他們唱了一首歌：

風把我刮下，一棵不是有情的樹傷害我的身體，對我造成難以忍受的劇痛。不過，空行母們醫治了我，所以我從一切損傷中復原。

有一次，密勒日巴和他的弟子們位在一塊非常高的岩石上方，他失足掉了下去。弟子以爲密勒日巴必然已經死亡入滅，就下去尋找他的屍身，但當他們到達底部時，卻發現密勒日巴還活著，並且對著他們大笑。他們問密勒日巴發生了什麼事情？密勒日巴以一首歌作答覆：

雙運之禿鷹展開其羽翼。當空明雙運之禿鷹展翅時，牠並非只用其中一隻翅膀飛翔。當我們禪修時，要生起對現象眞實自性的了悟，單有現象之空性智慧不夠，單有現象之明性智慧也不夠。

明性的本質即是空性。空性，即現象的非眞實性，並非空無所有，而是具有明性。這是「空智雙運」。悟得此雙運將能令我們從輪迴中解脫。

這就是密勒日巴說「雙運之禿鷹展開其羽翼」的意思。

飛翔是從札瑪②頂峰開始，降落在其下的深谷中。我對追隨我的人開了一個玩笑。」

②札瑪（Tramar：藏 brag-dmar），意思是「紅崖」。此山是本篇事件發生的所在地。

密勒日巴藉由神通，從札瑪（紅崖）的頂部飛起，落在其下的地面上。

接著解釋說：

這個玩笑有其目的：智空雙運之翼已悟得實性，故有離於煩惱障和所知障③的自在。接著是展示從輪迴、涅槃中解脫，其後是空性寂靜與圓滿大樂的結合。

另一次，密勒日巴和他的弟子們在一處石崖底部，其中一位弟子對他說：「您不應該待在這裡，太危險了。」但他還是繼續留在那裡。不久之後，發生了一場坍崩。密勒日巴目視落下的石塊，伸手一指，石塊立即四散各方，完全沒有傷害到他。他的弟子們返回時，心想密勒日巴必然已經受傷。當他們抵達時，密勒日巴對他們唱了一首歌：

這個瑜伽士的身體有如花朵，岩石紛至的崩塌有如想要殺害花朵的兇手。空行母出現在我的右方和左方，於是石塊並沒有落在我的身上。我不懼怕諸魔，它們永遠無法對我造成障礙。

弟子們問道：「您曾經遇過坍崩、墜落懸崖並被插在樹上，卻毫髮無傷，這怎麼可能呢？」密勒日巴回答：

我對現象眞實自性的了悟使得我的身軀不具實質，如同彩虹，並且使我的煩惱染垢轉爲智慧。我對一切現象皆爲無生的勝解已經吹走了世間八法，④這是兆相，表明四魔感到羞愧、失去信心並不具力量了。

③煩惱障阻礙解脫，而所知障阻礙遍知。

④世間八法是對利、衰、樂、苦、稱、譏、譽、毀的顧慮。

他的弟子接著問說：「這是否表示您已戰勝了四魔？」密勒日巴回答：「對，已然戰勝諸魔。我的傳承在未來十三代中，諸魔對這些修行者都無法造成任何障礙。」

有一位密續弟子從西藏中部前來，賽奔惹巴問他在那個地區有何成就者，密續修行人回答說：「那裡有很多成就者，受到非人眾生的承事。」密勒日巴說：「那不足以讓人成為成就者。」於是賽奔惹巴詢問密勒日巴：「您是否有非人承事呢？」密勒日巴回答說有，並唱了一首歌：

> 供給我的三摩地禪食，猶如虛空寶藏一般無窮無盡，我離於念頭和情感的饑渴。這是空行母對我的服侍，但我不認為這是悉地。這只是禪修中的覺受，並非證得現象眞如實性的究竟悉地⑤。

密續行者說在中部地區有見過本尊面容的大師。但密勒日巴說：「僅是見到本尊的面容，這毫無助益。」接著他唱道：

由於我禪修馬爾巴譯師授予我的竅訣，我已見到心的自性，這驅除了我心的無明闇昧。所有空行母都對我顯露其面容，但在無有感知對境的眞如實性中，並無面容的存在。

我曾見到本尊的面容，但唯有根本上師的教法才是重要的。我已證得共通的悉地，但對實性的了悟超越這些。

接著密續行者問說：「您能否爲我舉個例子，說明您所謂『見到心的自

⑤究竟悉地或最上成就，是對心和一切實相光明自性或明性的穩定了悟，即是所謂的圓滿正覺或成佛。相對的悉地是慈悲、智慧、神通力、保護、除障、健康、長壽、財富、懷柔等功德。

——堪千創古仁波切

性』是何意義？」密勒日巴唱了一首歌作爲回答：

心並非眞實存在，因此是無生亦無滅。在每一刹那中，心都會生起念頭，但若你見到心的自性，你就會知道心不具實質，從未出生。你無法找到心的所在位置，所以心是無生的。

沒有例子能夠喻示無生的心，因爲沒有東西像它一樣。心無生無滅，唯有已出生者才會有所止滅。當你悟得心性時，就會知道，除了心本身以外並沒有別的東西能夠作爲心的示例，於是示例和含義二者爲同。

你無法像在描述外在物體一般描述心性，說它是白或是紅。你無法說心是存在或是不存在。心是不可思議、超越推論、超越言語的範疇，然而由於根本上師和傳承上師眾的加持，你能夠親見自心。

【附錄】

辭彙解釋

【一劃】

一味 one taste（藏 ro cig）。大手印修持的第三階段。

【二劃】

了義 Definitive meaning。宣說佛法直接義理的佛陀教法，不因聽聞者的能力而作改變或簡化，與其相對的是不了義。

二資糧 Two accumulations（藏 shogs nyis）。有概念意想的福德資糧，與超越概念的智慧資糧。

八萬四千法門 84,000 teachings（藏 cho kyi phung po gyad khri bzhi stong）。經、律、阿毗達磨（論）及其總和，各有二萬一千個教法，其目的是爲了滅除在內心潛藏的八萬四千種不同煩惱。

八識 Eight consciousnesses。遍基識（阿賴耶識）、意識、煩惱識（末那識）和五感官識。小乘通常以六識來討論心，也就是五感官識和第六識的意識。大乘唯識宗談論八識，其中前六識相同，但加上第七識和第八識。在小乘傳統中，第七識和第八識的功用包含在第六識意識之中。

【三劃】

三身 Three kayas。法身、報身、化身。完全證悟者——佛陀及其示現經常以三身的方式來作理解：⑴法身是證悟本身，是超越一切參照點的智慧，唯有其他證悟者才能感知到；⑵報身經常被稱作受用身，在淨土中顯現，唯有高階菩薩才能見到；⑶化身能被凡夫所見，如同歷史上的佛陀一般，但這也可以是爲了幫助凡俗眾生的各種眾生或相對顯相。

三昧耶，誓句（梵 Samaya；藏 dam sig）。在金剛乘中，修行者向上師或某項修行所許下的誓言，具有眾多細節，但主要包括：外，與金剛上師和法友保持和諧關係；內，不從持續修行中逸離。

三界、三有 Three realms。是輪迴的三個類別。欲界是眾生因爲自己的業報而在輪迴中投生成具有實體的眾生的處所，範圍含括從天道到地獄道。色界是眾生因爲禪定力而投生的處所，他們的身體是在此界中的細微形相，這些處所是各個禪天。無色界是眾生因其等持（三摩地）而在死亡後進入的禪定狀態，思惟和感知的過程都已止息。

三苦 Three sufferings。即苦苦、改變的痛苦（壞苦）、遍布的痛苦（行苦，意指本具存在於輪迴一切中的痛苦）。

三乘 Three vehicles。小乘、大乘、金剛乘。

三根本 Three roots。上師、本尊、空行母。上師是加持的根本，本尊是成就的根本，空行母是事業的根本。

三摩地 Samadhi（藏 tin ne zin）。無二元分別的禪修境界，沒有自他的分別。亦稱作等持或心一境性，是禪修的最高形式。

三寶 Three jewels（藏 kön chok sum）。字面意義是「三個珍貴者」，是佛教的三個根本構成元素：佛、法、僧，也就是覺醒者、祂所闡明的眞理、按照此眞理生活的追隨者。對三寶具有堅定信心是「入流」果位。三寶是禮敬的對象，被認爲是「皈依處」。佛教徒以宣說三皈依文行皈依，如此確認正式成爲佛教徒。

上師 Guru（藏 lama）。在西藏傳統已經獲得證量的老師。

上師瑜伽、上師相應法 Guru yoga（藏 lamay naljor）。修持對上師具虔心的一種修行，最終是接受上師的加持，並且與上師心意無別相融。亦指前行中的第四項修持。

口耳傳承 Whispered lineage。關於空性的教示，來自智瑜伽空行母（jnana yoga dakinis）。

口傳 Oral transmission。相對於學術性傳承，實修傳承的口訣教示很精簡，故能一直記在心中，而且很實際又切入要點，因此爲直接闡明如何修持的有效方便法門。

大手印 Mahamudra（藏 cha ja chen po）。字面意義是「偉大的印」或「偉大的符號」，意指一切現象都受本初圓滿眞實自性所封印。這種禪修形式可追溯至薩惹哈（Saraha）（第十世紀），經由馬爾巴而在噶舉派中傳下。這個禪修傳承強調對心的直接感知，而非透過理性分析。它也指修行者證得空明雙運的覺受，以及感知顯相世間和空性無二的覺受，亦是噶舉傳承的名稱。

大手印四瑜伽 Four Yogas of Mahamudra（藏 phyag chen gyi na byor zhi）。修持大手印的四個階段，即專一、離戲、一味、無修。

大乘 Mahayana（藏 tek pa chen po）。字面意義是「偉大的車乘」，是二轉法輪的教法，強調空性（參見「空性」）、悲心、眾生皆具佛性。證悟的目的是爲了令一切有情眾生以及自己從痛苦中解脫。大乘各哲學宗派出現在佛陀入滅數百年之後，雖然這傳統可上溯至據說是佛陀在靈鷲山所傳的教法。

大圓滿 Dzogchen（梵 mahasandhi）。字面意義是「偉大的圓滿」，是超越因乘的教法，首先由大持明者噶拉多傑（極喜金剛）在人間傳授。

小乘 Hinayana（藏 tek pa chung wa）。字面意義是「較小的乘」，是三乘中的第一乘。這個詞語指的是佛陀最初的教法，強調對心及其迷妄的仔細檢視，是佛陀教法的基石，主要著重於四諦和十二因緣，其果是求自己的解脫。

不了義 Provisional meaning。相應於聽聞者的能力而簡化或調整的佛陀教法，相對的是了義。

不造作 Nonfabrication（藏 zo med）。大手印和大圓滿禪修的重點，本覺並非由理智的努力所創造出。

不散亂、不放逸 Nondistraction（藏 yengs med）。不從持續修行中偏離或放逸。

【四劃】

五方佛 Five dhyani Buddhas。毘盧遮那佛、不動佛、寶生佛、阿彌陀佛和不空成就佛，是五大元素和五種情緒的清淨面向。

五佛部 Five Buddha families（藏 rig nga）。即佛部、金剛部、寶部、蓮花部、羯摩（事業）部。

五智 Five wisdoms。法界智（法界體性智）、大圓鏡智、平等性智、妙觀察智、成所作智。我們不應該將其理解為分開的實體，而應該理解為證悟寶藏的不同功用。

五道 Five paths（藏 lam nga）。依據佛經，修行有五道：資糧道、加行道、見道（證得菩薩初地）、修道、無學道（成佛）。五道涵蓋從開始修持佛法到完全證悟的整個過程。

五種染垢、五毒 Five defilements（藏 ldug nga）。暫時阻礙了知的心理狀態，即無明（癡）、驕傲（慢）、瞋、貪、嫉妒。根本三毒爲貪、瞋、癡。〔中譯註：五毒有兩種說法，如上述的貪、瞋、癡、慢、嫉，或貪、瞋、癡、慢、疑（懷疑）。〕

五濁 Five degeneration's。⑴劫濁，意指世界的外在事件變得愈來愈糟，例如戰爭和社會動盪；⑵眾生濁，意指眾生的心續變得愈趨粗重；⑶命濁，壽命變得更短；⑷煩惱濁，眾生的煩惱增加，造成心意的不穩定；⑸見濁，意指眾生對實相的理解離實相愈來愈遠。由於這五濁，所以我們現在處於黑暗時代。

五蘊 Aggregates five（梵 skandha；藏 phung po nga）。字面意義是「堆聚」。

是在感知對境時，感知所經歷的五種基本轉變：色、受、想、行、識。第一蘊是形相（色），包括一切聲音、氣味等等，所有不是念頭的都包括在內。第二蘊和第三蘊是感受（愉悅的和不愉悅的等等）以及對它們的識別。第四個是心理的事件，其實包括第二蘊和第三蘊。第五蘊是平常的識，例如感官識和意識。

六道 Six realms（藏 rikdruk）。天神、阿修羅、人類、畜生（旁生）、餓鬼、地獄眾生等六類有情眾生的世界。是輪迴眾生可能的投生類型：天道中的天神具有巨大的驕慢，阿修羅道中善妒的阿修羅努力維持自己所擁有的，人道最佳是因爲一個人具有獲致證悟的可能性，畜生道的特質是愚癡，餓鬼道的特質是極大的貪求，地獄道的特質是瞋。

化身 Nirmanakaya（藏 tulku）。佛有三身，化身或「化現之身」顯現在世間，在這個時代是示現釋迦牟尼佛。（參見「三身」。）

天、**天神** Gods。參見「六道」。

幻身 Illusory body（藏 gyu lu）。在圓滿次第時，修行者將非常細微的風息身（能量身）轉變爲本尊的無死幻化身。當這幻身受到淨化時，就成爲佛的色身。是那洛六法中的其中一法。（參見「那洛六法」。）

心所、心理因素 Mental factors（藏 sem yung）。心所與心不同，因爲是較長期的心意傾向，包括信、無貪、行捨等十一種善心所，貪、瞋、慢等六種根本煩惱，以及恨、覆、害等二十種隨煩惱。

方便道 Path of means（藏 thab lam）。指那洛六法，以及生起次第與有相的圓滿次第。

止的禪修 Tranquillity meditation（梵 shamatha；藏 shinay）。兩種主要禪修中的一種。「止」是平靜自心的禪修訓練，目的是在離於念頭活動的干擾中安住。另一種是「觀」。

世俗層次 Conventional level。有兩種層次或兩種眞理：相對的眞理（世俗諦）和究竟的眞理（勝義諦）。

世間八法 Eight worldly concerns（藏 jik ten chö gysh）。令一個人遠離法道者，即對利得、歡愉、讚美、名聲的貪執，以及對損失、痛苦、被指責、

惡名的嫌惡。〔中譯註：利、衰、毀、譽、稱、譏、苦、樂。〕

加持 Blessings（藏 chin lap）。光輝之浪，傳達降臨到修行者身上的氣氛感覺。據說一個人的根本上師和傳承是加持的根源。當弟子能夠以無造作的虔心敞開自己時，傳承的恩慈顯現作加持，融入他們心中，並且喚醒他們對更高實相的覺受。

【五劃】

四印、**四法印** Four seals。佛教的四大原則，即(1)一切和合現象皆爲無常；(2)一切（因我執而）有染垢的都是痛苦；(3)一切現象都是空性且沒有一個自我的實體；(4)涅槃完全寂靜。〔中譯註：即諸行無常、諸受是苦或有漏皆苦、諸法無我、涅槃寂靜。〕

四無量心 Four immeasurables。慈、悲、喜、捨。

四聖諦、**四眞理** Four truths。佛陀最初的教法。(1)一切因緣相依的生命都是痛苦；(2)一切痛苦都是由無明所造成；(3)痛苦能夠止息；(4)八正道通往痛

苦的盡頭——正見、正思惟、正念、正語、正行、正命、正精進、正念、正定。〔中譯註：即苦、集、滅、道。〕

四邊、四個極端 Four extremes（藏 tha shi）。有、無、兩者皆是、兩者皆非。

四灌頂 Four empowerments（藏 wang shi）。寶瓶灌頂、秘密灌頂、智慧灌頂、文字灌頂（句義灌頂）。

本尊、依當（藏 yidam）。「依」的意思是心，「當」的意思是清淨；或「依」意指你的心，而「當」意指無別、不可分離。依當，即本尊，代表修行者覺醒的自性或淨相，是體現佛果功德的密續神祇，在金剛乘中作此修行。亦稱作護佑本尊。

本尊禪修（藏 yidam meditation）。本尊禪修是運用觀想本尊來進行的金剛乘修持。

甘珠爾（藏 Kanjur；中譯註：一般作 Kangyur）。保存佛陀直接教法的文集。

生起次第 Creation stage（梵 utpattikrama；藏 che rim）。金剛乘中有兩種禪修次第或階段：生起次第與圓滿次第。生起次第是密續禪修的一種方法，涉及對本尊的觀想和思惟，目的是爲了淨化習性並了悟一切現象的清淨。在這個階段中，修行者建立並維持對本尊的觀想。

【六劃】

印、**手印** Mudra（藏 chak gya）。在本書中是「手印」，即特定密續儀式中所展現的一個手勢，象徵之前所做修行中的某個特定層面。亦可代表明妃，或是本尊的「身形」。

成就、**悉地** Siddhi（藏 ngodrup）。成就者的修道成就，通常是指完全證悟的「殊勝悉地」，但也能表示「共同的悉地」，即八種世間成就。

成就者、**悉達梵** Siddha（藏 drup top）。獲得成就的佛法修行者。

有所緣的止、**有所依的止** Shamatha with support（藏 shinay ten cas）。平靜自心的修持，修的時候使用一個專注物，包括實質的或意想的，或可單純使用呼吸。

有情衆生 Sentient beings。具有意識的生命體，相對於無生命的物體。具有意識或心但尚未成佛解脫的一切眾生，包括陷於輪迴痛苦中的人以及證得菩薩諸地者。

自他交換法 Sending and taking practice（藏 tong len）。阿底峽所宣揚的一種禪修法門。一種菩提心的修行，把自己的善德安樂送給他人，納取他們的痛苦和惡業到自己身上。

【七劃】

住、寂住 Stillness（藏 gnas pa）。沒有念頭活動和煩惱，但對此寂住有細微的執著。

佛、佛陀 Buddha（藏 sang gye）。獲得完全證悟者，例如歷史上的釋迦牟尼佛。

佛土 Buddhafield（藏 sang gye kyi zhing）。(1)五佛部的其中一個淨土，包

括報身和化身；⑵個人的清淨覺受。

佛性 Buddha nature（藏 de shegs nying po）。一切有情眾生的本性，即證悟的潛能。

佛果、成佛 Buddhahood（藏 sang gyas）。既不住輪迴亦不住涅槃的全然圓滿證悟。是表示實踐圓滿證悟的用語，具有此特質的即是佛。證得佛果是所有眾生與生俱來的權力。按照佛陀的教法，每一位有情眾生都有佛性，或者更好的說法是：已經具有佛性，因此佛果無法被「獲得」，更多是作爲對本初圓滿的體驗，並在日常生活中實踐。

究竟眞理、勝義諦 Ultimate truth（藏 dondam）。有兩種眞理或對實相的見地。相對眞理是如同凡俗眾生一般去看待事物，以自、他的二元分別觀看；究竟眞理則是超越二元分別，如實觀待事物。

見、修、行 View, meditation, and action（藏 ta ba gom pa yodpa）。哲學性的定向，對此逐漸熟稔的行爲——通常是修持打坐，以及在日常活動中實踐那份洞見。三乘中，每一乘都有自己對見、修、行的獨特定義。

那洛六法 Six Yogas of Naropa（藏 naro chödruk）。六種特別的瑜伽修行，從那洛巴傳給馬爾巴，包括拙火、幻身、夢瑜伽、明光、遷識、中陰等修持。

那洛巴（梵 Naropa）（西元九五六至一〇四〇年）。印度大成就者之一，最廣爲人知的事跡就是傳授眾多金剛乘教法給馬爾巴，而馬爾巴在伊斯蘭教徒入侵印度之前，將這些教法帶回了西藏。

【八劃】

咒 Mantra（藏 ngags）。⑴金剛乘的同義字。⑵一種特別的聲音組合，象徵本尊的自性，例如「嗡瑪尼貝美吽」（藏 ngak）。是對不同禪修本尊的迎請，以梵文持誦。這些梵文字母代表各種不同能量，在不同的金剛乘修行中唸誦。

咒乘 Mantrayana。金剛乘的另一個稱呼。

岡波巴 Gampopa（西元一〇七九至一一五三年）。西藏噶舉傳承的主要傳承持有者之一，是密勒日巴的弟子，建立了首座噶舉寺院，因著有《解脫莊嚴寶論》而聞名。

拙火（藏 tummo）。結合大樂與空性的一種高階金剛乘修行，會附帶生出煖熱。這是那洛六法中的其中一法。

明、光明、明光 Luminosity（藏 osel）。字面意義是「離於無明或無知的黑暗，具有認知的能力」。有兩個層面，一是「空性之明」，有如明朗開闊的天空；二是「顯現之明」，例如彩色光影等等。明是非和合的自性，現於輪迴和涅槃的一切處所。

明、明性 Clarity, luminosity（藏 salwa）。亦譯作明光（luminosity）。心性並無固有的存在，但心也不是空無所有或完全空虛的，因爲心具有這明性，即心的覺性或了知。因此，明性是心的空性（shunyata）的一個特質。在三轉法輪時，佛陀教導說一切爲空，但這空並非空無所有，因爲還有明。明或明性使得一切顯相現起，是空性的一個不可分離的特質。

明點 Essential drops（藏 tigle；梵 bindu）。在金剛乘修行中，經常被觀想

的生命精華之滴或精神能量之點。

法 Dharma（藏 chö）。這有兩個主要意義。第一個是指任何一個眞理，例如天是藍的；第二個是指佛陀的教法（亦稱作「佛法」）。

法身 Dharmakaya（藏 chö ku）。佛果的三身之一，是證悟本身，亦即超越一切參照點的智慧。（參見「三身」。）

法性 Dharmata（藏 chö nyi）。法性通常被譯作「法爾」、「如是」、「事物的眞實自性」或「事物的本貌」。是現象的實相，是完全證悟者無扭曲且無障蔽地看見的事物本貌，所以可說它是實相。是現象和心的本性。

法界 Dharmadhatu（藏 chö ying）。涵攝一切的虛空，沒有起源也沒有開始，一切現象都由其中生起。梵文的意思是「現象的本質」，藏文的意思是「現象的廣空」，但通常是指現象本質——空性。

法輪 Wheel of dharma（梵 dharmachakra）。相應於三個層次的佛陀教法，非常簡要地講述，就是：⑴初轉法輪是關於四聖諦和人無我的教法；⑵二轉法輪是關於空性和現象之空性（法無我）的教法；⑶三轉法輪是關於明光和佛性的教法。

波羅蜜、度 Paramita。「超越的」或「圓滿」。是離於二元分別概念的清淨行爲，使眾生從輪迴中解脫。六波羅蜜（六度）是布施、精進、忍辱、持戒、禪定、般若。

直指教法 Pointing-out instructions（藏 ngo sprod kyi gdampa）。對心性的直接引介。

空行母 Dakini（藏 khandroma）。已經高度了證圓滿證悟心的瑜伽女，可能是獲得如此成就的人類，也可能是本尊證悟心的非人類顯現。女性層面的護法。女性能量，具有外、內、密的意涵。

空性 Emptiness（亦譯作 voidness；梵 shunyata；藏 tong pa nyi）。佛陀在二轉法輪時教導外內現象或自我、我的概念都不具實存，因此爲「空」。

金剛亥母 Vajravarahi（藏 Dorje Phagmo）。空行母，勝樂金剛的明妃。她是噶舉傳承的主要本尊，是智慧的體現。

金剛持 Vajradhara（藏 Dorje Chang）。「金剛」代表不壞，「持」表示手

持、擁抱或不可分離。是噶舉皈依境的中央形相，指出大手印教法傳給帝洛巴的近傳承。金剛持象徵法身的本初智，祂穿著象徵其豐富性的報身佛嚴飾。

金剛乘 Vajrayana（藏 dorje tek pa）。字面意義是「如金剛一般」或「不可摧壞的能力」。「金剛」在此是指方便，故可說是方便乘。佛教有三大主要傳統：小乘、大乘、金剛乘。金剛乘是以密續爲基礎，強調現象的明分。以果爲道的方便道修行者。

金剛跏趺坐、**雙盤** Vajra posture。這是指雙腿交盤的全蓮坐姿。若是一腿放在另一腿之前，如同很多西方人的坐法，則稱作半蓮花坐（單盤）。

金剛瑜伽母 Vajrayogini（藏 Dorje Palmo）。半忿怒的本尊，女性。

長壽佛或無量壽佛 Amitayus（藏 tse pag me）。名號的意思是無盡壽命，長壽之佛。長壽佛是阿彌陀佛的報身形相，通常描繪爲具有報身佛的一切嚴飾。

阿底峽 Atisha（西元九八二至一〇五五年）。印度那爛陀大學的一位佛教學者，受到國王邀請而來到西藏，以恢復朗達瑪所造成的破壞。他協助建立了噶當派傳承。

阿毗達磨 Abhidharma（藏 chö ngön pa）。佛教教法一般分作三藏：經（佛陀的教法）、律（關於行止的教法）、阿毗達磨（論釋）。阿毗達磨是對現象的分析，主要作爲佛陀教法的一個註釋傳統。

阿修羅 Jealous gods。參見「六道」。

陀羅尼 Dharani。特別種類的咒，通常相當長。

【九劃】

勇父 Daka（藏 khandro）。與空行母相對的男性。

帝洛巴 Tilopa（西元九二八至一〇〇九年）。八十四大成就者中的一位，他成爲那洛巴的上師，那洛巴將其教法傳入西藏的噶舉傳承中。

度母 Tara（藏 drol ma）。觀音的一個化身，據說她是由觀音的一滴淚水中生起。她體現悲心的女性層面，在西藏是非常普遍的本尊。她有兩個常見的形相，一白一綠。

施身法、斷法（藏 chöd）。發音是「卻」，字義是「斬斷」，指的是被設計用來斬斷一切我執和染垢的一種修法。「嫫卻」（mo chöd，即女性之斷法）是由著名的女性聖者瑪姬拉準（Machig Labdron）（一〇三一～一一二九）所創立。

相對眞理 Relative truth（藏 kunsop）。有兩種眞理：相對眞理（世俗諦）和究竟眞理（勝義諦）。相對眞理是（未證悟的）凡夫的感知，基於「自我」和「他人」的錯誤信念，完全以一己的投射來看待這個世界。

食子（藏 torma）。用糌粑和酥油造型所製成的塑像，用作佛堂供品、薈供物，或是代表本尊。食子的種類繁多，每一種都有傳統的樣式。

【十劃】

乘 Yana。意思是根器。有三乘——狹窄的（小乘）、偉大的（大乘）、不壞的（金剛乘）。

根本上師 Root guru（藏 tsa way lama）。金剛乘修行者可以有數位根本上師：授予灌頂、賜予口傳、解說密續意義的金剛上師，究竟的根本上師則是給予「直指教法」而令自己認出心性的上師。

殊勝悉地、不共成就 Supreme siddhi。證悟的另一用語。

氣、風、風息 Prana。支持生命的能量。金剛身的「風」或能量流。

氣、脈、明點 Subtle winds, channels and essences（梵 prana, nadi, bindu）。金剛身的構成元素。這些脈不是解剖學上的構造，而更像是針灸中的經絡。有數千個脈，但運載氣或風息的三大主脈是右脈、左脈、中脈。中脈大約順著脊柱經過，而右脈和左脈是在中脈的兩旁。

根據方便道的瑜伽教法，了悟是經由身心同步而獲得，這可以透過對脈、氣、明點的禪修而達到，這些是幻身的心理組成部分。氣就是能量，或「風」，經由脈而流動。如云：「心識在脈道上騎著風息之馬。明點是心的滋養物」。

因爲二元分別思惟，故氣進入左、右脈。在幻身中的這個能量分歧相應於錯誤分別主、客體的心理活動，這導致受業所決定的活動。透過瑜伽修持，氣（業風）能被帶入中脈，因而轉化為智風，於是心能夠認出其基本自性，了悟一切法都是無生的。

這屬於高階修行，唯有從一位已獲成就的上師處得到直接口耳傳授才能學習。一旦禪修者妥善確證對基本心性的覺受，就能直接對其作禪修，對脈、氣、明點的觀想。使用脈的心理概念作禪修，這被認為是有相圓滿次第，而直接思惟心性的無形相修持則是無相圓滿次第。

涅槃 Nirvana（藏 **nyangde**）。字面意義是「滅」。住於輪迴的個人能夠藉由修行而獲得證悟，在這境界中，一切謬見和煩惱全都息滅，這就稱作涅槃。小乘修行者的涅槃是從輪迴中解脫，成為阿羅漢；大乘修行者的涅槃是成佛，從住於邊見中解脫，既不住輪迴，亦不住於阿羅漢的圓滿寂靜中。

班智達 Pandita。大學者。

脈 Nadi。金剛身中的脈，氣或風透過脈而流動。

般若波羅蜜多 *Prajnaparamita*（藏 she rab chi parol tu chinpa）。超越的圓滿智慧。藏文的字面意義是「到彼岸」或「超越」，如同在般若波羅蜜多咒中所言：嗡　噶逮　噶逮　巴惹噶逮　巴惹桑噶逮　菩提　梭哈（揭諦揭諦　波羅揭諦　波羅僧揭諦　菩提薩婆訶）。釋迦牟尼佛降生於世間所帶來的不共深奧佛法及各種修行，例如金剛乘密續等利用觀想和控制細微身體能量的修行，使得般若波羅蜜多心經中對空性的了悟得以發生。

《般若波羅蜜多經》 Prajnaparamita sutras。用來指大約四十部大乘佛經的文集，全都是關於對般若的了悟。

起心動念 Ocurrence（藏 gyu ba）。念頭在心裡生起的期間，相對於「止」。

馬爾巴 Marpa（西元一〇一二至一〇九七年）。馬爾巴之所以聞名，是因爲他曾經三度前往印度並帶了眾多密續教文回到西藏，他所帶回的文典包括那洛六法、密集金剛、勝樂金剛等法。他的根本上師是帝洛巴，帝洛巴是噶舉傳承的創立者，也是那洛巴的上師。馬爾巴創建了西藏的噶舉傳承。

【十一劃】

唯識宗 Mind-only school（亦稱作 Cittamatra School）。大乘傳統中的主要學派之一，西元四世紀由無著所創立，強調萬法唯心。

基識 Ground consciousness（藏 kün shi nam she）。依據唯識宗的說法，這是第八識，經常被稱作阿賴耶識或含藏識。（參見「八識」。）

奢摩他、止（梵 Shamatha）。參見止的禪修。

密咒 Secret mantra（藏 sang ngak）。金剛乘的一個稱法。

密勒日巴 Milarepa（西元一〇四〇至一一二三年）。密勒日巴是馬爾巴的弟子，即生獲得證悟。「密勒」是由本尊所命名，「日巴」意指白棉。他的弟子岡波巴建立了西藏的（達波）噶舉傳承。

《密集金剛續》 *Guhyasamaja tantra*（藏 sang pa dus pa）。字面意義是「秘密之集合」，是新譯派的主要密續和本尊。這是無上瑜伽的「父續」，無上瑜伽是四部瑜伽中最高的一部。密集金剛是金剛部的中央本尊。

專一 One-pointedness（藏 tse cig）。大手印修持的第一階段。

常見、永恆主義 Eternalism（藏 rtag lta）。相信萬事萬物有一永恆、無因而生的創造者，特別是相信一個人的體性或意識具有獨立、持續不斷、單一的具體本質，這樣的信念即是常見。

曼達、壇城、中圍 Mandala（藏 chil kor）。字面意義是「中心和周圍處」，但在不同場合的含義不同。在眾多金剛乘修行中所使用的一種圖形，通常具有一位處於中央本尊和四個方向。

梅紀巴 Maitrip。西藏噶舉傳承祖師馬爾巴的上師之一，是經由梅紀巴才使得彌勒和無著關於佛性的決定性著作《究竟一乘寶性論》在西藏得以廣傳。據說他曾是那洛巴的弟子，當時那洛巴是那爛陀寺院大學的校長。梅紀巴也曾傳授大手印教法所體現的佛性秘密層面給馬爾巴，這個教法極爲詳盡地探討心這個課題，並且提供範圍廣大、漸進且非常微妙的禪修方式。梅紀巴是在其上師夏瓦里（Savari）的指導下，藉由大手印而獲得證悟。夏瓦里是從龍樹那裡獲得完整的大手印教法，而龍樹則是從薩惹哈那裡獲得此教法，馬爾巴曾在夢境中親見薩惹哈。

習氣 Latencies（梵 vasana；藏 bakchak）。習慣性反應的各個模式，作爲儲存於阿賴耶識中的印跡或傾向而存在。第八識有時稱作含藏識或遍基識，這麼稱呼是因爲它是一切業力習慣性模式的儲存處，所有二元經驗或自我導向體驗都會留下貯藏在阿賴耶識中，直到日後某種有意識的事件啓動這個習慣性模式時，這模式就會產生一個以感知或行爲作爲形式的回應，這個回應又留下它自己的業力殘餘物，再次儲存於無意識的儲存處，這個循環不斷持續著。對這體系的解說是大乘佛教唯識傳統的中心教法。

【十二劃】

勝樂金剛 Chakrasamvara（藏 korlo dompa）。禪修本尊之一，屬於無上瑜伽部密續教法，是新譯派的主要本尊或主要密續。

善巧方便 Skillful means。巧妙地運用。

喇嘛、上師 Lama（梵 guru）。「喇」是在修行覺受上無人能在其上，「嘛」表示悲心如母，因此是智慧和悲心的結合，女性特質和男性特質的結合。

喇嘛也是一個頭銜，表示可以授予完成某些詳盡修煉的修行人。

喜金剛 Hevajra（藏 kye dorje）。是無上瑜伽續的「母續」，無上瑜伽是四部瑜伽中最高的一部。「喜」（音譯爲「嘿」）據說是對喜悅的驚歎。透過對空性和形相之體性的了悟，喜金剛轉化感官歡愉成爲喜。祂被描繪作二臂、四臂、六臂、十二臂、十六臂的形相，在舞蹈中與其明妃結合，明妃通常是無我母。

《喜金剛續》 Hevajra *tantra*（藏 kye dorje）。是無上瑜伽續的「母續」，無上瑜伽是四部瑜伽中最高的一部。

報身 Sambhogakaya（藏 long chö dzok ku）。佛有三身，而報身也稱作「受用身」，是只向菩薩顯現的法身淨土。（參見「三身」）

普賢、三曼多跋陀羅 Samantabhadra。「三曼多」的意思是所有的（普），「跋陀羅」的意思是優秀的（賢），故爲「一切皆是賢善者」或「善行遍布一切處所者」。普賢有兩尊：一是法身；另一尊是八大菩薩之一，是諸佛大願的體現。在金剛乘傳統中，普賢是本初佛，是法身覺受的表徵。

無我 Selflessness 或 egolessness（藏 dag me）。在小乘的兩個宗派（說一切有部〔Vaibhashika〕和經量部〔Sautrantika〕）中，僅指「個人」並非一個眞實恆常的自我，而不過是念頭和感受的集合。在大乘的兩個宗派（唯識和中觀）中，則被延伸表示外在現象也不具實存。

無所緣的止、無所依的止 Shamatha without support（藏 shinay ten med）。不用任何特定物件來平靜自心，不散亂地休息。這個修行是大手印的前行修持，不應被誤作爲究竟的結果。

無修 Nonmeditation（藏 gom med）。不執持於禪修對境或禪修者的境界，亦指大手印的第四階段，在此階段中，無需再禪修或培養任何東西。

無想 Nonthought（藏 mi tog）。沒有概念性思惟的境界。

菩提心 Bodhichitta（藏 chang chup chi sem）。字面意義是覺醒之心。菩提心有兩種：⑴究竟菩提心（勝義菩提心），這是完全覺醒之心，能見到顯相的空性；⑵相對菩提心（世俗菩提心），是希望修持六波羅蜜（六度）並令一切眾生從輪迴痛苦中解脫的願心。相對菩提心也有兩種：願菩提心和行菩提心。

菩薩、菩提薩埵 Bodhisattva（藏 chang chup sem pa）。「勇健之心」。「菩提」意指綻放的或證悟的，「薩埵」意指勇健心，字面意義是展現證悟心者。亦指爲令一切眾生自輪迴中解脫而投身於大乘慈悲道和六波羅蜜修持的人。這些屬於佛陀的心子。

菩薩地 Bodhisattva levels（梵 bhumi；藏 sa）。菩薩爲達到證悟所經歷的位階或階段，經乘傳統中〔的菩薩地〕是由十地所構成，密續傳統中則是十三地。

【十三劃】

圓滿次第 Completion stage（藏 dzo rim）。金剛乘中有兩種禪修次第或階段：生起次第與圓滿次第。有相的圓滿次第是六法；無相的圓滿次第是大手印的精要修持，即住於心的無造作自性中。

意識 Mental consciousness（藏 yid kyi namshe）。第六識是思想的官能，基於五

感官識的體驗或第六識本身的先前內涵而產生出念頭。（參見「八識」。）

業 Karma（藏 lay）。字面意義是「行」，即無誤的因果定律，例如善行會帶來安樂，而惡行會帶來痛苦。每一個有情眾生的行爲或業，就是造成投生情形和那一世環境的因。

煩惱 Disturbing emotions（梵 klesha；藏 nyön mong）。亦稱作「擾亂的情緒」。這些是情緒上的苦惱或遮障〔中譯註：煩惱障〕，擾亂感知的清明（相對於所知障）。這也被譯作「毒」，包括所有擾亂或扭曲心識的情緒。主要的煩惱是貪、瞋、癡。五種煩惱是上述三種，加上慢和嫉。

煩惱識、**末那識** Afflicted consciousness（藏 nyön yid）。第七識。如同在此所使用的，它具有兩個層面：⑴監控其他識，使其他識持續運行的立即識；以及⑵煩惱識，是持續存在的自我。

瑜伽 Yoga。自然的情況。對此作修持的人稱作瑜伽士，特質是任一切保持自然，例如不清洗或不剪頭髮、指甲等等。女性修行者稱作瑜伽女。

瑜伽士 Yogi（藏 nal yor pa）。密續修行者。

瑜伽女 Yogini（藏 nal yor ma）。女性密續修行者。

瑜伽續 Yogatantra（藏 naljor gyi gyu）。字面意義是「雙運續」，指重點放在內在禪修的一部續。

經、佛經 Sutra（藏 do）。字面意義是「接合處」，是小乘和大乘組合，或智慧和悲心的結合。佛教經典中被歸於佛陀所講的教文，被視作對其話語的記錄，雖然其實直到佛陀入滅多年後才被寫下。通常的形式是佛陀和其弟子間的對話。經往往和續作對照，續是佛陀的金剛乘教法，而論則是對佛語的論釋。

經乘 Sutrayana。以佛經來獲致證悟的方法，包括小乘和大乘。

經部大手印 Sutra Mahamudra（藏 mdo'i phyag chen）。基於《般若波羅蜜多經》為基礎的大手印體系，強調止觀以及經由五道十地前行的漸進道。

聖觀、淨相 Sacred outlook（藏 dag snang）。覺性與悲心帶領修行者體驗到空性（shunyata），由此而來之明光現作顯相世界的清淨和神聖。因為神聖起自空性的覺受，無有先入為主的偏見，因此既不是宗教性的也不是世俗的所見景象；也就是說，靈性和世俗的所見景象能夠相合。此外，聖觀並非由任何神所授予。清楚看見之後，世界即是本具神聖的。

解脫 Liberation。參見「證悟」。

解脫道 Path of liberation（藏 drol lam）。大手印修持之道。

辟支佛 Pratyekabuddha。獨自覺醒者（獨覺）。是佛陀的身弟子（body disciples），在那一生世沒有導師，為了自己而證得覺醒的人。一般置於阿羅漢和佛陀之間，是小乘之道第二位階的果，經由逆向思惟十二因緣而證得。

道歌 Spiritual songs（梵 doha；藏 gur）。金剛乘修行者自然譜出的宗教性歌曲，通常是九字（梵文或藏文）一句。

【十四劃】

僧伽 Sangha（藏 gen dun）。善者。「僧」的意思是意圖或動機，「伽」的意思是善，僧伽即是「具有善心動機者」。是三寶之一，一般指佛教的追隨者，或特指僧、尼團體。聖僧伽是指對佛陀教法已證得特定層次的了悟者。

瑪哈班智達、大學者 Mahapandita（藏 pan di ta chen po）。「瑪哈」的意思是偉大的（亦有音譯成「摩訶」），「班智達」是佛教學者。

瑪哈悉達、大成就者 Mahasiddha（藏 drup thop chen po）。具有大證量的修行者。「瑪哈」的意思是偉大的，「悉達」是指具有成就的修行人。特指八世紀至十二世紀期間生活在印度而修行密續的金剛乘修行者，其中部分最著名者的傳記可參閱《八十四大成就者》。

認出 Recognition（藏 ngo shes 或 ngo phrod）。在這裡是指「認出心性」。

【十五劃】

糌粑（藏 tsampa）。乾的青稞粉，西藏人將其與酥油混合食用。

輪迴、娑婆世界 Samsara（藏 kor wa）。凡俗生命有賴因緣的存有狀態，其中眾生因爲尙有貪、瞋、癡而生起痛苦。相對的是涅槃。出於受貪、瞋、癡而起的業力，眾生被迫納取不淨諸蘊，並且在這存有之輪中循環輪轉，直至解脫為止。

遮障 Obscurations。障蔽佛性的遮障或染垢，有兩類：⑴煩惱障（參見「五種染垢、五毒」及「煩惱障」）；⑵隨眠習氣的垢障，有時稱作二元感知的遮障或所知障。第一類令有情眾生自己無法從輪迴中解脫，而第二類令他們無法獲得正確的慧識，無法了悟實相。

遷識法、頗瓦法（藏 phowa）。有不同種類的遷識法。法身遷識和報身遷識的最高成果是圓滿證悟。在這份教文中，主要是指化身遷識，稱作「個人所修持的遷識法」和卡雀．頗瓦（kacho phowa），是夢瑜伽和明光瑜伽的一種高階密法，關於在臨終時，遷射心識到一個有所助益的淨土或受生。

餓鬼 Hungry ghosts（藏 yid dvags）。六類有情眾生中的一類。這些眾生受到自己不淨業報感知的折磨，使得它們因為貪求、饑渴而受到極大的痛苦。據說即使是它們來到清淨新鮮的一面湖水上，也會因為它們的厚重業障，而視其為一灘不可飲用的膿水。餓鬼常被描述成具有極大身軀和極細頸項的形相。

【十六劃】

噶當派 Kadampa。西藏的主要宗派之一，由阿底峽（西元九九三至一〇五四年）所創立。

噶瑪巴 Karmapa。這個名號的意思是佛行事業者。噶瑪巴是藏傳佛教噶舉派的領袖，是第一位開始實施轉世上師傳統者。噶瑪巴被視為觀音菩薩的化身之一。

噶瑪噶舉 Karma Kagyu。藏傳佛教噶舉傳承中的八個宗派之一，由大寶法王噶瑪巴所領導。

噶舉 Kagyu。「噶」的意思是口頭的，「舉」的意思是傳承，即口授的傳承。是藏傳佛教四大宗派之一，初由馬爾巴在西藏所創建，現由大寶法王噶瑪巴所領導。其他三派是寧瑪派、薩迦派、格魯派。

【十七劃】

彌勒 Maitreya。具慈心者。是釋迦牟尼佛的補處菩薩，目前居住在兜率天，直到祂成爲此劫的第五佛爲止。〔中譯註：佛經中常譯作「慈氏」。〕

薈供、薈供輪 Ganacakra（藏 tog kyi kor lo）。儀式性的筵席供養，屬於修行的一部分。

【十八劃】

斷見、虛無主義 Nihilism（藏 chad lta）。字面意義是「斷滅的見地」，是空無一切的極端見地（邊見），包括無生、無因果業報、死後心意不存在等看法。

竅訣 Key instructions。一部教文的竅訣，是在於建立此教法的理路方向。一旦懂了理路，我們就能分辨教法的形式和內涵。竅訣的功用在於使人對由教法所生起的體驗看到其眞實自性，例如該體驗的對境消融，若能如實見之，便能知道對境並不具獨立實體故不具力量，否則若其爲獨立存在就會是另一狀況。若是實修竅訣，則能引生令人解脫的人格轉變，故在教法的每一階段都會加以複述。

薩迦班智達 Sakya Pandita。薩迦傳承的祖師之一，是一位偉大的學者（西元一一八一至一二五一年）。

轉心四方法、轉心四思惟 Four ways of changing the mind（藏 tun mong gi ngon dro shi）。禪修的四個基礎，是令心轉向佛法的四個思惟，即沉思人身難得、死亡無常和不可避免、業及業報（因果定律）、輪迴無處不苦（輪迴是苦）。

轉輪聖王 Chakravartin（藏 koro gyur wa）。字面意義是轉輪者，亦稱作宇宙之王。這是傳播佛法並開始一個新紀元的王。

離戲 Simplicity（藏 spros ral）。⑴對事物的自性不生起心理作意或形成概念；⑵大手印修持的第二階段。

【十九劃】

羅擦瓦 Lotsawa。藏文的「譯師」。

證悟 Enlightenment（藏 jang chub）。按照不同佛教傳統而有不同的定義，通常等同於成佛。按小乘傳統的定義，解脫是從輪迴轉生中解脫，並且心意離於無明和煩惱。大乘傳統則認爲，若沒有生起悲心並致力於運用善巧方便以解脫一切有情眾生，就不是完全的證悟。在金剛乘教法中，先前的各個證悟階段都是必需的，但究竟的證悟是對自我和概念的完全淨化，全然解脫的最終成果超越一切二元分別和概念化。

【二十劃】

覺證、覺受與證量 Experience and realization（藏 nyam togs）。用來表示道上的見解和進步之詞。「覺受」指的是暫時性的禪修體驗，「證量」指的是對事物自性的不變理解。

釋迦牟尼佛 Buddha Shakyamuni（藏 shakya tubpa）。釋迦牟尼佛，亦常被稱作

喬達摩佛，指的是這個時代的第四位佛，生活在西元前五六三至四八三年間。

灌頂 Empowerment（藏 wang；梵 abhiseka，中譯註：一般拼寫作 abhisheka）。授予力量或授權以修持金剛乘教法，是進入密續修行不可或缺之門。要從事一項金剛乘修行，就必須從一位具格上師處接受灌頂，也應該接受修行指示（藏 tri）和法本的口傳（藏 lung）。

【二十一劃】

續、**密續**、**坦特羅**（梵 tantra；藏 gyu）。就字面意義而言，坦特羅的意思是「連續」，在佛教中指兩個特定東西：(1)講述如何從無明引至證悟的修行教文（果乘之文，以果爲道的教文），包括密續大師所著的論疏；(2)通往證悟之道，涵攝基、道、果。可以將佛教分成經部傳統和續部傳統。經部傳統主要是關於對大乘佛經的學術性研習，而續部之道主要是關於實修金剛乘修行。「續」主要是金剛乘修行的教文。

續部大手印 Tantra Mahamudra（藏 sngags kyi phyag chen）。等同於咒乘大手印，是關於那洛六法的大手印修持。

護法 Dharma protector（梵 dharmapala；藏 cho kyong）。一位佛、菩薩或具大力的凡俗眾生，其工作是爲了清淨的佛法修持而移除一切干擾並賜予一切所需條件或環境。

魔 Mara（藏 du）。修行者所遇到的種種困境。藏文字的意思是厚重。在佛教中，魔象徵令人類屈從的貪愛，以及能障礙善根和覺醒道上進步的一切。有四種魔：(1)蘊魔，即自我的錯誤見地；(2)煩惱魔，被負面情緒的力量控制；(3)死魔，即死亡，使修行中斷；(4)天子魔，陷入來自禪修的喜樂中。

體性身梵 Svabhavikakaya（藏 ngo bo nyid kyi sku）。有時算作第四身，是前三身的統合。

觀、內觀、毘婆舍那 Vipashyana meditation（藏 lha tong）。毘婆舍那是梵文的「觀或洞見之禪修」。這種禪修培養對實相自性（法性；梵文

dharmata）的洞見。是禪修兩大主要面向之一，另一面向爲止（奢摩他）。

引用書目

《大手印了義海》（*Mahamudra: The Ocean of Definitive Meaning*），第九世大寶法王噶瑪巴旺秋多傑著，二〇〇一年，由尼塔莎正知國際出版社(Nitartha Publications)發行。

《直指法身》（*Pointing Out the Dharmakaya*），第九世大寶法王噶瑪巴旺秋多傑著，堪千創古仁波切釋論。耶喜．江措喇嘛英譯，和樂法叢出版社（Zhyisil Chokyi Ghatsal Publications）發行，二〇〇二年。中文版由鄭振煌中譯，堪布羅卓丹傑審定，創古文化出版社發行。

《密勒日巴大師全集》（*The Hundred Thousand Songs of Milarepa*），張澄基著，一九九九年由香巴拉出版社發行。

《馬爾巴譯師傳》（*The Life of Marpa the Translator*），那爛陀翻譯學會英譯，一九八六年由香巴拉出版社發行。

《密勒日巴傳》（*The Life of Milarepa*），羅桑・喇龍巴（Lobsang Lhalungpa）英譯，一九八五年由香巴拉出版社發行。

《淨除無明黑闇大手印》（*The Mahamurdra Which Eliminates the Darkness of Ignorace*），第九世大寶法王噶瑪巴旺秋多傑著，貝魯欽哲仁波切（Beru Khyentse Rinpoche）釋論，一九七八年，由新德里：藏文工作與檔案圖書館（New Delhi: Library of Tibetan Works and Archives）發行。

《智慧雨》（*The Rain of Wisdom*），那爛陀翻譯學會英譯，一九九九年由香巴拉出版社發行。

橡樹林文化 ❖❖ 善知識系列 ❖❖ 書目

JB0001	狂喜之後	傑克・康菲爾德◎著	380 元
JB0002	抉擇未來	達賴喇嘛◎著	250 元
JB0003	佛性的遊戲	舒亞・達斯喇嘛◎著	300 元
JB0004	東方大日	邱陽・創巴仁波切◎著	300 元
JB0005	幸福的修煉	達賴喇嘛◎著	230 元
JB0006	與生命相約	一行禪師◎著	240 元
JB0007	森林中的法語	阿姜查◎著	320 元
JB0008	重讀釋迦牟尼	陳兵◎著	320 元
JB0009	你可以不生氣	一行禪師◎著	230 元
JB0010	禪修地圖	達賴喇嘛◎著	280 元
JB0011	你可以不怕死	一行禪師◎著	250 元
JB0012	平靜的第一堂課——觀呼吸	德寶法師 ◎著	260 元
JB0013X	正念的奇蹟	一行禪師◎著	220 元
JB0014X	觀照的奇蹟	一行禪師◎著	220 元
JB0015	阿姜查的禪修世界——戒	阿姜查◎著	220 元
JB0016	阿姜查的禪修世界——定	阿姜查◎著	250 元
JB0017	阿姜查的禪修世界——慧	阿姜查◎著	230 元
JB0018X	遠離四種執著	究給・企千仁波切◎著	280 元
JB0019X	禪者的初心	鈴木俊隆◎著	220 元
JB0020X	心的導引	薩姜・米龐仁波切◎著	240 元
JB0021X	佛陀的聖弟子傳 1	向智長老◎著	240 元
JB0022	佛陀的聖弟子傳 2	向智長老◎著	200 元
JB0023	佛陀的聖弟子傳 3	向智長老◎著	200 元
JB0024	佛陀的聖弟子傳 4	向智長老◎著	260 元
JB0025	正念的四個練習	喜戒禪師◎著	260 元
JB0026	遇見藥師佛	堪千創古仁波切◎著	270 元
JB0027	見佛殺佛	一行禪師◎著	220 元
JB0028	無常	阿姜查◎著	220 元
JB0029	覺悟勇士	邱陽・創巴仁波切◎著	230 元
JB0030	正念之道	向智長老◎著	280 元

JB0031	師父——與阿姜查共處的歲月	保羅・布里特◎著	260元
JB0032	統御你的世界	薩姜・米龐仁波切◎著	240元
JB0033	親近釋迦牟尼佛	髻智比丘◎著	430元
JB0034	藏傳佛教的第一堂課	卡盧仁波切◎著	300元
JB0035	拙火之樂	圖敦・耶喜喇嘛◎著	280元
JB0036	心與科學的交會	亞瑟・札炯克◎著	330元
JB0037	你可以，愛	一行禪師◎著	220元
JB0038	專注力	B・艾倫・華勒士◎著	250元
JB0039X	輪迴的故事	堪欽慈誠羅珠◎著	270元
JB0040	成佛的藍圖	堪千創古仁波切◎著	270元
JB0041	事情並非總是如此	鈴木俊隆禪師◎著	240元
JB0042	祈禱的力量	一行禪師◎著	250元
JB0043	培養慈悲心	圖丹・卻准◎著	320元
JB0044	當光亮照破黑暗	達賴喇嘛◎著	300元
JB0045	覺照在當下	優婆夷　紀・那那蓉◎著	300元
JB0046	大手印暨觀音儀軌修法	卡盧仁波切◎著	340元
JB0047X	蔣貢康楚閉關手冊	蔣貢康楚羅卓泰耶◎著	260元
JB0048	開始學習禪修	凱薩琳・麥唐諾◎著	300元
JB0049	我可以這樣改變人生	堪布慈囊仁波切◎著	250元
JB0050	不生氣的生活	W. 伐札梅諦◎著	250元
JB0051	智慧明光：《心經》	堪布慈囊仁波切◎著	250元
JB0052	一心走路	一行禪師◎著	280元
JB0054	觀世音菩薩妙明教示	堪布慈囊仁波切◎著	350元
JB0055	世界心精華寶	貝瑪仁增仁波切◎著	280元
JB0056	到達心靈的彼岸	堪千・阿貝仁波切◎著	220元
JB0057	慈心禪	慈濟瓦法師◎著	230元
JB0058	慈悲與智見	達賴喇嘛◎著	320元
JB0059	親愛的喇嘛梭巴	喇嘛梭巴仁波切◎著	320元
JB0060	轉心	蔣康祖古仁波切◎著	260元
JB0061	遇見上師之後	詹杜固仁波切◎著	320元
JB0062	白話《菩提道次第廣論》	宗喀巴大師◎著	500元
JB0063	離死之心	竹慶本樂仁波切◎著	400元
JB0064	生命真正的力量	一行禪師◎著	280元

JB0065	夢瑜伽與自然光的修習	南開諾布仁波切◎著	280 元
JB0066	實證佛教導論	呂真觀◎著	500 元
JB0067	最勇敢的女性菩薩——綠度母	堪布慈囊仁波切◎著	350 元
JB0068	建設淨土——《阿彌陀經》禪解	一行禪師◎著	240 元
JB0069	接觸大地—與佛陀的親密對話	一行禪師◎著	220 元
JB0070	安住於清淨自性中	達賴喇嘛◎著	480 元
JB0071/72	菩薩行的祕密【上下冊】	佛子希瓦拉◎著	799 元
JB0073	穿越六道輪迴之旅	德洛達娃多瑪◎著	280 元
JB0074	突破修道上的唯物	邱陽．創巴仁波切◎著	320 元
JB0075	生死的幻覺	白瑪格桑仁波切◎著	380 元
JB0076	如何修觀音	堪布慈囊仁波切◎著	260 元
JB0077	死亡的藝術	波卡仁波切◎著	250 元
JB0078	見之道	根松仁波切◎著	330 元
JB0079	彩虹丹青	祖古．烏金仁波切◎著	340 元
JB0080	我的極樂大願	卓千拉貢仁波切◎著	260 元
JB0081	再捻佛語妙花	祖古．烏金仁波切◎著	250 元
JB0082	進入禪定的第一堂課	德寶法師◎著	300 元
JB0083	藏傳密續的真相	圖敦．耶喜喇嘛◎著	300 元
JB0084	鮮活的覺性	堪千創古仁波切◎著	350 元
JB0085	本智光照	遍智　吉美林巴◎著	380 元
JB0086	普賢王如來祈願文	竹慶本樂仁波切◎著	320 元
JB0087	禪林風雨	果煜法師◎著	360 元
JB0088	不依執修之佛果	敦珠林巴◎著	320 元
JB0089	本智光照一功德寶藏論　密宗分講記	遍智　吉美林巴◎著	340 元
JB0090	三主要道論	堪布慈囊仁波切◎講解	280 元
JB0091	千手千眼觀音齋戒一紐涅的修持法	汪遷仁波切◎著	400 元
JB0092	回到家，我看見真心	一行禪師◎著	220 元
JB0093	愛對了	一行禪師◎著	260 元
JB0094	追求幸福的開始：薩迦法王教你如何修行	尊勝的薩迦法王◎著	300 元
JB0095	次第花開	希阿榮博堪布◎著	350 元
JB0096	楞嚴貫心	果煜法師◎著	380 元
JB0097	心安了，路就開了： 讓《佛說四十二章經》成為你人生的指引	釋悟因◎著	320 元

JB0098	修行不入迷宮	札丘傑仁波切◎著	320 元
JB0099	看自己的心，比看電影精彩	圖敦．耶喜喇嘛◎著	280 元
JB0100	自性光明——法界寶庫論	大遍智　龍欽巴尊者◎著	480 元
JB0101	穿透《心經》：原來，你以為的只是假象	柳道成法師◎著	380 元
JB0102	直顯心之奧秘：大圓滿無二性的殊勝口訣	祖古貝瑪．里沙仁波切◎著	500 元
JB0103	一行禪師講《金剛經》	一行禪師◎著	320 元
JB0104	金錢與權力能帶給你甚麼？ 一行禪師談生命真正的快樂	一行禪師◎著	300 元
JB0105	一行禪師談正念工作的奇蹟	一行禪師◎著	280 元
JB0106	大圓滿如幻休息論	大遍智　龍欽巴尊者◎著	320 元
JB0107	覺悟者的臨終贈言：《定日百法》	帕當巴桑傑大師◎著 堪布慈囊仁波切◎講述	300 元
JB0108	放過自己：揭開我執的騙局，找回心的自在	圖敦．耶喜喇嘛◎著	280 元
JB0109	快樂來自心	喇嘛梭巴仁波切◎著	280 元
JB0110	正覺之道．佛子行廣釋	根讓仁波切◎著	550 元
JB0111	中觀勝義諦	果煜法師◎著	500 元

橡樹林文化 ❖❖ 成就者傳紀系列 ❖❖ 書目

JS0001	惹瓊巴傳	堪千創古仁波切◎著	260 元
JS0002	曼達拉娃佛母傳	喇嘛却南、桑傑．康卓◎英譯	350 元
JS0003	伊喜．措嘉佛母傳	嘉華．蔣秋、南開．寧波◎伏藏書錄	400 元
JS0004	無畏金剛智光：怙主敦珠仁波切的生平與傳奇	堪布才旺．董嘉仁波切◎著	400 元
JS0005	珍稀寶庫——薩迦總巴創派宗師貢嘎南嘉傳	嘉敦．強秋旺嘉◎著	350 元
JS0006	帝洛巴傳	堪千創古仁波切◎著	260 元
JS0007	南懷瑾的最後 100 天	王國平◎著	380 元
JS0008	偉大的不丹傳奇．五大伏藏王之一 貝瑪林巴之生平與伏藏教法	貝瑪林巴◎取藏	450 元
JS0009	噶舉三祖師：馬爾巴傳	堪千創古仁波切◎著	300 元
JS0010	噶舉三祖師：密勒日巴傳	堪千創古仁波切◎著	280 元
JS0011	噶舉三祖師：岡波巴傳	堪千創古仁波切◎著	280 元

橡樹林文化 ❖❖ 衆生系列 ❖❖ 書目

JP0001	大寶法王傳奇	何謹◎著	200元
JP0002X	當和尚遇到鑽石（增訂版）	麥可・羅區格西◎著	360元
JP0003X	尋找上師	陳念萱◎著	200元
JP0004	祈福 DIY	蔡春娉◎著	250元
JP0006	遇見巴伽活佛	溫普林◎著	280元
JP0009	當吉他手遇見禪	菲利浦・利夫・須藤◎著	220元
JP0010	當牛仔褲遇見佛陀	蘇密・隆敦◎著	250元
JP0011	心念的賽局	約瑟夫・帕蘭特◎著	250元
JP0012	佛陀的女兒	艾美・史密特◎著	220元
JP0013	師父笑呵呵	麻生佳花◎著	220元
JP0014	菜鳥沙彌變高僧	盛宗永興◎著	220元
JP0015	不要綁架自己	雪倫・薩爾茲堡◎著	240元
JP0016	佛法帶著走	佛朗茲・梅蓋弗◎著	220元
JP0018C	西藏心瑜伽	麥可・羅區格西◎著	250元
JP0019	五智喇嘛彌伴傳奇	亞歷珊卓・大衛－尼爾◎著	280元
JP0020	禪　兩刃相交	林谷芳◎著	260元
JP0021	正念瑜伽	法蘭克・裘德・巴奇歐◎著	399元
JP0022	原諒的禪修	傑克・康菲爾德◎著	250元
JP0023	佛經語言初探	竺家寧◎著	280元
JP0024	達賴喇嘛禪思 365	達賴喇嘛◎著	330元
JP0025	佛教一本通	蓋瑞・賈許◎著	499元
JP0026	星際大戰・佛部曲	馬修・波特林◎著	250元
JP0027	全然接受這樣的我	塔拉・布萊克◎著	330元
JP0028	寫給媽媽的佛法書	莎拉・娜塔莉◎著	300元
JP0029	史上最大佛教護法－阿育王傳	德干汪莫◎著	230元
JP0030	我想知道什麼是佛法	圖丹・卻淮◎著	280元
JP0031	優雅的離去	蘇希拉・布萊克曼◎著	240元
JP0032	另一種關係	滿亞法師◎著	250元
JP0033	當禪師變成企業主	馬可・雷瑟◎著	320元
JP0034	智慧 81	偉恩・戴爾博士◎著	380元

JP0035	覺悟之眼看起落人生	金菩提禪師◎著	260 元
JP0036	貓咪塔羅算自己	陳念萱◎著	520 元
JP0037	聲音的治療力量	詹姆斯・唐傑婁◎著	280 元
JP0038	手術刀與靈魂	艾倫・翰彌頓◎著	320 元
JP0039	作為上師的妻子	黛安娜・J・木克坡◎著	450 元
JP0040	狐狸與白兔道晚安之處	庫特・約斯特勒◎著	280 元
JP0041	從心靈到細胞的療癒	喬思・慧麗・赫克◎著	260 元
JP0042	27% 的獲利奇蹟	蓋瑞・賀許伯格◎著	320 元
JP0043	你用對專注力了嗎？	萊斯・斐米博士◎著	280 元
JP0044	我心是金佛	大行大禪師◎著	280 元
JP0045	當和尚遇到鑽石 2	麥可・羅區格西◎等著	280 元
JP0046	雪域求法記	邢肅芝（洛桑珍珠）◎口述	420 元
JP0047	你的心是否也住著一隻黑狗？	馬修・約翰史東◎著	260 元
JP0048	西藏禪修書	克莉絲蒂・麥娜麗喇嘛◎著	300 元
JP0049	西藏心瑜伽 2	克莉絲蒂・麥娜麗喇嘛◎等著	300 元
JP0050	創作，是心靈療癒的旅程	茱莉亞・卡麥隆◎著	350 元
JP0051	擁抱黑狗	馬修・約翰史東◎著	280 元
JP0052	還在找藉口嗎？	偉恩・戴爾博士◎著	320 元
JP0053	愛情的吸引力法則	艾莉兒・福特◎著	280 元
JP0054	幸福的雪域宅男	原人◎著	350 元
JP0055	貓馬麻	阿義◎著	350 元
JP0056	看不見的人	中沢新一◎著	300 元
JP0057	內觀瑜伽	莎拉・鮑爾斯◎著	380 元
JP0058	29 個禮物	卡蜜・沃克◎著	300 元
JP0059	花仙療癒占卜卡	張元貞◎著	799 元
JP0060	與靈共存	詹姆斯・范普拉◎著	300 元
JP0061	我的巧克力人生	吳佩容◎著	300 元
JP0062	這樣玩，讓孩子更專注、更靈性	蘇珊・凱瑟・葛凌蘭◎著	350 元
JP0063	達賴喇嘛送給父母的幸福教養書	安娜・芭蓓蔻爾・史蒂文・李斯◎著	280 元
JP0064	我還沒準備說再見	布蕾克・諾爾＆帕蜜拉・D・布萊爾◎著	380 元
JP0065	記憶人人 hold 得住	喬許・佛爾◎著	360 元
JP0066	菩曼仁波切	林建成◎著	320 元
JP0067	下面那裡怎麼了？	莉莎・瑞金◎著	400 元

JP0068	極密聖境・仰桑貝瑪貴	邱常梵◎著	450 元
JP0069	停心	釋心道◎著	380 元
JP0070	聞盡	釋心道◎著	380 元
JP0071	如果你對現況感到倦怠……	威廉・懷克羅◎著	300 元
JP0072	希望之翼：倖存的奇蹟，以及雨林與我的故事	茱莉安・柯普科◎著	380 元
JP0073	我的人生療癒旅程	鄧嚴◎著	260 元
JP0074	因果，怎麼一回事？	釋見介◎著	240 元
JP0075	皮克斯動畫師之紙上動畫《羅摩衍那》	桑傑・帕特爾◎著	720 元
JP0076	寫，就對了！	茱莉亞・卡麥隆◎著	380 元
JP0077	願力的財富	釋心道◎著	380 元
JP0078	當佛陀走進酒吧	羅卓・林茲勒◎著	350 元
JP0079	人聲，奇蹟的治癒力	伊凡・德・布奧恩◎著	380 元
JP0080	當和尚遇到鑽石 3	麥可・羅區格西◎著	400 元
JP0081	AKASH 阿喀許靜心 100	AKASH 阿喀許◎著	400 元
JP0082	世上是不是有神仙：生命與疾病的真相	樊馨蔓◎著	300 元
JP0083	生命不僅僅如此—辟穀記（上）	樊馨蔓◎著	320 元
JP0084	生命可以如此—辟穀記（下）	樊馨蔓◎著	420 元
JP0085	讓情緒自由	茱迪斯・歐洛芙◎著	420 元
JP0086	別癌無恙	李九如◎著	360 元
JP0087	甚麼樣的業力輪迴，造就現在的你	芭芭拉・馬丁＆狄米崔・莫瑞提斯◎著	420 元
JP0088	我也有聰明數學腦：15 堂課激發被隱藏的競爭力	盧采嫻◎著	280 元
JP0089	與動物朋友心傳心	羅西娜・瑪利亞・阿爾克蒂◎著	320 元
JP0090	法國清新舒壓著色畫 50：繽紛花園	伊莎貝爾・熱志－梅納＆紀絲蘭・史朵哈＆克萊兒・摩荷爾－法帝歐◎著	350 元
JP0091	法國清新舒壓著色畫 50：療癒曼陀羅	伊莎貝爾・熱志－梅納＆紀絲蘭・史朵哈＆克萊兒・摩荷爾－法帝歐◎著	350 元
JP0092	風是我的母親	熊心、茱莉・拉肯◎著	350 元
JP0093	法國清新舒壓著色畫 50：幸福懷舊	伊莎貝爾・熱志－梅納＆紀絲蘭・史朵哈＆克萊兒・摩荷爾－法帝歐◎著	350 元
JP0094	走過倉央嘉措的傳奇：尋訪六世達賴喇嘛的童年和晚年，解開情詩活佛的生死之謎	邱常梵◎著	450 元
JP0095	【當和尚遇到鑽石 4】愛的業力法則：西藏的古老智慧，讓愛情心想事成	麥可・羅區格西◎著	450 元

JP0096	媽媽的公主病： 活在母親陰影中的女兒，如何走出自我？	凱莉爾．麥克布萊德博士◎著	380元
JP0097	法國清新舒壓著色畫 50：璀璨伊斯蘭	伊莎貝爾．熱志－梅納＆紀絲蘭．史朵哈＆克萊兒．摩荷爾－法帝歐◎著	350元
JP0098	最美好的都在此刻：53 個創意、幽默、找回微笑生活的正念練習	珍．邱禪．貝斯醫生◎著	350元
JP0099	愛，從呼吸開始吧！ 回到當下、讓心輕安的禪修之道	釋果峻◎著	300元
JP0100	能量曼陀羅：彩繪內在寧靜小宇宙	保羅．霍伊斯坦、狄蒂．羅恩◎著	380元
JP0101	爸媽何必太正經！ 幽默溝通，讓孩子正向、積極、有力量	南琦◎著	300元
JP0102	舍利子，是甚麼？	洪宏◎著	320元
JP0103	我隨上師轉山：蓮師聖地溯源朝聖	邱常梵◎著	460元
JP0104	光之手：人體能量場療癒全書	芭芭拉．安．布藍能◎著	899元
JP0105	在悲傷中還有光： 失去珍愛的人事物，找回重新聯結的希望	尾角光美◎著	300元
JP0106	法國清新舒壓著色畫 45：海底嘉年華	小姐們◎著	360元
JP0108	用「自主學習」來翻轉教育！ 沒有課表、沒有分數的瑟谷學校	丹尼爾．格林伯格◎著	300元
JP0109	Soppy 愛賴在一起	菲莉帕．賴斯◎著	300元
JP0110	我嫁到不丹的幸福生活：一段愛與冒險的故事	琳達．黎明◎著	350元
JP0111	TTouch® 神奇的毛小孩按摩術——狗狗篇	琳達．泰林頓瓊斯博士◎著	320元
JP0112	戀瑜伽．愛素食：覺醒，從愛與不傷害開始	莎朗．嘉儂◎著	320元
JP0113	TTouch® 神奇的毛小孩按摩術——貓貓篇	琳達．泰林頓瓊斯博士◎著	320元
JP0114	給禪修者與久坐者的痠痛舒緩瑜伽	琴恩．厄爾邦◎著	380元
JP0115	純植物．全食物：超過百道零壓力蔬食食譜，找回美好食物真滋味，心情、氣色閃亮亮	安潔拉．立頓◎著	680元
JP0116	一碗粥的修行： 從禪宗的飲食精神，體悟生命智慧的豐盛美好	吉村昇洋◎著	300元
JP0117	綻放如花——巴哈花精靈性成長的教導	史岱方．波爾◎著	380元
JP0118	貓星人的華麗狂想	馬喬．莎娜◎著	350元
JP0119	直面生死的告白－－ 一位曹洞宗禪僧的出家緣由與說法	南　直哉◎著	350元

成就者傳記　JS0010

噶舉三祖師：密勒日巴傳——從復仇到證悟，傳奇一生的偉大瑜伽士

作　　者／堪千創古仁波切
譯　　者／普賢法譯小組
責任編輯／劉昱伶
業　　務／顏宏紋

總 編 輯／張嘉芳
出　　版／橡樹林文化
城邦文化事業股份有限公司
104 台北市民生東路二段 141 號 5 樓
電話：(02)2500-7696　傳真：(02)2500-1951
協力出版／創古文化 Thrangu Dharmakara
發　　行／英屬蓋曼群島商家庭傳媒股份有限公司城邦分公司
104 台北市中山區民生東路二段 141 號 5 樓
客服服務專線：(02)25007718；25001991
24 小時傳真專線：(02)25001990；25001991
服務時間：週一至週五上午 09:30 ～ 12:00；下午 13:30 ～ 17:00
劃撥帳號：19863813　戶名：書虫股份有限公司
讀者服務信箱：service@readingclub.com.tw
香港發行所／城邦（香港）出版集團有限公司
香港灣仔駱克道 193 號東超商業中心 1 樓
電話：(852)25086231　傳真：(852)25789337
Email：hkcite@biznetvigator.com
馬新發行所／城邦（馬新）出版集團【Cité (M) Sdn.Bhd. (458372 U)】
41, Jalan Radin Anum, Bandar Baru Sri Petaling,
57000 Kuala Lumpur, Malaysia.
電話：(603) 90563833　傳真：(603) 90576622
Email：services@cite.my

封面設計／兩棵酸梅
內文排版／歐陽碧智
印　　刷／中原造像股份有限公司

初版一刷／ 2016 年 11 月
初版五刷／ 2023 年 7 月
ISBN ／ 978-986-5613-30-3
定價／ 280 元

城邦讀書花園
www.cite.com.tw

國家圖書館出版品預行編目（CIP）資料

噶舉三祖師：密勒日巴傳——從復仇到證悟，傳奇一生的偉大瑜伽士 / 堪千創古仁波切著；普賢法譯小組譯 . -- 初版 . -- 臺北市：橡樹林文化，城邦文化出版：家庭傳媒城邦分公司發行，2016.11
面；　公分 . --（成就者傳記；JS0010）
ISBN 978-986-5613-30-3（平裝）

1. 密勒日巴　2. 藏傳佛教　3. 佛教傳記

226.969　　105019808

廣　告　回　函
北區郵政管理局登記證
北 台 字 第 10158 號

郵資已付　免貼郵票

104 台北市中山區民生東路二段 141 號 5 樓

城邦文化事業股份有限公司

橡樹林出版事業部　收

請沿虛線剪下對折裝訂寄回，謝謝！

|橡|樹|林|

書名：噶舉三祖師：密勒日巴傳　書號：JS0010

橡樹林文化

讀者回函卡

感謝您對橡樹林出版社之支持，請將您的建議提供給我們參考與改進；請別忘了給我們一些鼓勵，我們會更加努力，出版好書與您結緣。

姓名：＿＿＿＿＿＿＿＿　□女　□男　　生日：西元＿＿＿＿年

Email：＿＿＿＿＿＿＿＿＿＿＿＿＿＿＿＿

●您從何處知道此書？

□書店　□書訊　□書評　□報紙　□廣播　□網路　□廣告 DM　□親友介紹

□橡樹林電子報　□其他＿＿＿＿＿＿

●您以何種方式購買本書？

□誠品書店　□誠品網路書店　□金石堂書店　□金石堂網路書店

□博客來網路書店　□其他＿＿＿＿＿＿

●您希望我們未來出版哪一種主題的書？（可複選）

□佛法生活應用　□教理　□實修法門介紹　□大師開示　□大師傳紀

□佛教圖解百科　□其他＿＿＿＿＿＿

●您對本書的建議：

＿＿＿＿＿＿＿＿＿＿＿＿＿＿＿＿＿＿＿＿

＿＿＿＿＿＿＿＿＿＿＿＿＿＿＿＿＿＿＿＿

＿＿＿＿＿＿＿＿＿＿＿＿＿＿＿＿＿＿＿＿

＿＿＿＿＿＿＿＿＿＿＿＿＿＿＿＿＿＿＿＿

＿＿＿＿＿＿＿＿＿＿＿＿＿＿＿＿＿＿＿＿

非常感謝您提供基本資料，基於行銷及客戶管理或其他合於營業登記項目或章程所定業務需要之目的，家庭傳媒集團（即英屬蓋曼群商家庭傳媒股分有限公司城邦分公司、城邦文化事業股分有限公司、書虫股分有限公司、墨刻出版股分有限公司、城邦原創股分有限公司）於本集團之營運期間及地區內，將不定期以 MAIL 訊息發送方式，利用您的個人資料於提供讀者產品相關之消費與活動訊息，如您有依照個資法第三條或其他需服務之務，得致電本公司客服。

我已經完全瞭解左述內容，並同意本人資料依上述範圍內使用。

＿＿＿＿＿＿＿＿＿＿＿＿（簽名）

處理佛書的方式

佛書內含佛陀的法教，能令我們免於投生惡道，並且爲我們指出解脫之道。因此，我們應當對佛書恭敬，不將它放置於地上、座位或是走道上，也不應跨過。搬運佛書時，要妥善地包好、保護好。放置佛書時，應放在乾淨的高處，與其他一般的物品區分開來。

若是需要處理掉不用的佛書，就必須小心謹慎地將它們燒掉，而不是丟棄在垃圾堆當中。焚燒佛書前，最好先唸一段祈願文或是咒語，例如唵（OM）、啊（AH）、吽（HUNG），然後觀想被焚燒的佛書中的文字融入「啊」字，接著「啊」字融入你自身，之後才開始焚燒。

這些處理方式也同樣適用於佛教藝術品，以及其他宗教教法的文字記錄與藝術品。

ཡི་གེ་ཉི་ཤུ་རྩ་དྲུག་པ་འདི་དཔེ་ཆའི་ནང་དུ་བཞག་ན་དཔེ་ཆ་དེ་ཅི་འདྲར་
བགོམས་ཀྱང་ཉེས་པ་མི་འབྱུང་བར་འཇམ་དཔལ་རྩ་རྒྱུད་ལས་གསུངས་སོ། །

此咒置經書中　可滅誤跨之罪